장두이 연극 인생 50년 기념시집

짱의 노래

장두이 연극 인생 50년 기념시집

짱의 노래

초판 1쇄 **인쇄** 2021년 5월 25일
초판 1쇄 **발행** 2021년 5월 31일

지은이 장두이
펴낸이 이재욱
펴낸곳 ㈜새로운사람들
디자인 오신환
마케팅 관리 김종림

등록일 1994년 10월 27일
등록번호 제2-1825호
주소 서울특별시 도봉구 덕릉로 54가길 25(창동 557-85, 우 01473)
전화 02-2237-3301
팩스 02-2237-3389
이메일 ssbooks@chol.com

ISBN 978-89-8120-620-8(03810)

*책값은 뒤표지에 씌어 있습니다.

장두이 연극 인생 50년 기념시집

짱의 노래

장 두 이 지음

새로운사람들

베케트 연극 <게임의 종말>

<책머리에>

연극 인생 50년 人生記

네 번째 삶의 스토리입니다.
네 번째로 詩作을 모았습니다.
『삶의 노래(1992)』『O의 노래(1996)』『Y의 노래(2006)』에 이어
네 번째로 묶은『짱의 노래(2021)』는
반세기 연극 인생을 담은 詩 인생 설회입니다.

50년 빼곡히 걸어온 내 연극 인생 속에서
간단없이 뼈와 핏속에 스며들어
솟구쳐 단장된 삶의 언어들.

어머니가 들려줬던 가물가물한 이야기…….
나의 험난한 연극 인생을 고즈넉이 인내하며 살아온
사랑하는 아내의 투정 어린 인고의 사연들…….
50년의 연극이란 화두 속에 생긴 喜怒哀樂과 앙금과 궁금증들…….

그리고
일상에서 빚어진 주변 일깨움의 기록들입니다.

2021. 3. 15

차례

영화 <위선자들>

짱의 노래

煙氣처럼 사라질 나의 演技 세상

10년째, 되어서야 연기라는 세상에 입문했고
20년째, 대사가 겨우 입에 붙더라
30년째, 관객의 숨소리가 눈과 귀에 빼꼼히 들어오고
40년째, 가족 먹여 살리느라 삶의 능선 일곱 고개를 겨우 넘어 쇠잔했네
50년째, 겨우 연기나마 쬐끔 알 것 같아
60년째, 비로소 연기 인생 되돌아보며 후회하겠지
70년째, 숨 고르는 호흡법을 알게 될 것이고
80년째, 영육의 표현을 아장아장 시작하겠네
90년째, ……?

글쎄 그때까지 살아있다면,
煙氣처럼 사라질 명연기를 기대해 보게나!

베케트 연극 <게임의 종말>

詩야 時지

시야 부끄럽구나
인간愛 본연의 노래가 없으니…….

시야 슬프구나
인간事 재앙의 연속일 따름이니…….

시야 창피하구나
인간 서로 상처만 내고 있으니…….

시야 우습구나
인간들 언어가 유희에 불과하니…….

시야 화가 나는구나
인간 行態가 수그러들지 않으니…….

시야 토하고 싶구나
세상사 쓰레기 천지…….

시야 자고 싶구나
따분한 삶의 노래 앞에서…….

시야 외치고 싶구나
인간들 목이 쉬고 잠기었으니…….

시야 섭섭하구나
졸작만 짓는 나 같은 작가들만 세상에 난무하니…….

자화상

밖에서 나를 보니
내가 너요

안에서 나를 보니
네가 나일세

옆에서 나를 보니
내가 그이고

위에서 나를 보니
그 밑에 나로세

치어다보니 한 줌 백골이요
둘러보니 흙먼지라.

바람아!
일 점 광풍에
내 미친 마음이나 훑어다오.

자유여!

종교는 해방이지 구속이 아닙니다.
관습과 전통은 어리석은 속박이지요.
역사는 단지 실마리에 불과합니다.

연극 <아소 님하> 포스터

숨 춤

들숨 한 번에
기운이 화락하고

날숨 한 번에
운기는 번창한다

한숨에 정기는 흘러들어
마지막 숨소리
천기의 조화로고.

숨 고르고 춤을 추니
학무가 한 수요

춤추고 숨 가르니
봉황음이 절로 나네

숨이 움이요
움이 춤이라

숨 속에 평화가 깃드니
숨 춤 속에 잠이 새록새록.

진무도眞舞蹈

청학이 귀를 열어 춤을 추고
작약이 눈을 떠 향을 품네

한 소나기 천둥처럼 지축을 흔들고
겨울 산에 스르륵 봄눈은 녹아
동장군이 서둘러 갑옷을 푼다

팔이 떠니 우뢰요
손이 떠니 긴 학의 울음소리
눈 뜨게 하고
귀 열게 하니

들리노니 가슴소리, 숨소리, 북소리…….
열반의 소리…….

백골상

낡고 낡아라
섣거친 비바람
사연과 사슬을 뒤로하고
후미진 산등성이에
가지런히 놓인 백골 하나!

이놈!
무얼 보느냐?
무상한 무애로다.
空生涯 애증도 가고
한숨 섞인 회한도 갔거늘
휘~익 한 줌 황토에
너 비껴간 넋이어라.

시시비비

시비는 무론이요
선악은 이중주

많고 적음은 필요충분조건
오로지
용서만이 자연이로다.

연극 <당나귀 그림자 재판>에서 딸 루미와 아들 루이와 함께

오, 하나님!

하나님!
세상에 가장 참기 힘든 것을 주셨습니다.
오직 섭리를 거역하는 죄요
질서를 거부하는 혁명이올시다.

오, 하나님!
가라고 하시곤
피비린내 형극의 길로 인도하십니다, 그려.

자연頌

자연은 지루하지 않지요

인간의 사랑도 마찬가지입니다.

한시도 멈추지 않는 자연은 우주의 근본입니다

바람 한 점

구름 하나에도

석양에 울부짖는 길 잃은 저 갈매기도

결코 지루하지 않아 좋습니다.

사랑하는 아내 수정에게

인간은 본성을 잃었소
슬픈 애소만을 일삼고 있지
뜯고 속이고 할퀴고 가장하고 미워하고 배신하고 거짓하고…….

벌거벗은 채 야수처럼 살고 있소
종교도 철학도 문학도 예술도
인간을 구제하기엔 늦은 시대
뉴욕 파리 동경 런던 베를린 마드리드 그리고 나의 서울…….
어디서고 인간 악취는 거리를 진동하오.

누구를 믿어야 하오?
어디로 가면 될까?

잃은 자의 설움
잊은 자의 몽환이
안개 속에 피를
비처럼 뿌리고 있소

예술은 무엇이오?

심미안이요?
참 진실을 빙자한 거짓이요?

그것은 카메라 줌렌즈처럼
응집이요 결정이며 단단한 고집이라 믿었지.

예술가는 범인이 아니요?
그렇다고 기예를 팔아먹는 쟁이는 더더욱 아닐 터!

진심을 알기에 고독하고
비밀을 알기에 슬픈 구도자?
하늘이 내린 천사?
수, 알거든 대답이나 해 주오!

언제

언제 준다고 하셨습니까?
빛나는 님의 보석을

언제 간다고 하셨습니까?
천국의 계단이 바늘구멍처럼 보이는 그곳엘

베케트 연극 <게임의 종말>

여는 진실 앞에

닫혀 있습니다.
열지 못해서 닫혀 있는 것이 아닌데
누구도 열지 않을 뿐입니다.

굳게 닫힌 어머니의 입가엔
말 못 한 노래가 서려 있습니다.
왜 열지 않을까요?
왜 쏟아내지 않았을까요?

그날 이후 여는 것보다 닫는 것에 더 익숙해졌답니다

삶은 닫혀 있죠.
피곤에 절어
슬픔에 젖어
통한에 울먹여

하지만 열어주셔요.
그런 속내에도
실낱같은 희망이 있지 않습니까!

코믹 릴리프

왜?
태어나서
왜?
열심히 공부해서
왜?
좋은 대학원도 나와
왜?
좋다는 직장도 얻었는데

정말,
왜?
남들이 하니까 결혼해서
또 왜?
3명의 자식을 낳아
그래서 왜?
그렇게 힘들게 키우고

국립극단 <조씨고아, 복수의 씨앗>

이제,
노년에 접어들어
묵은 연륜에 살이 찌고
머리도 벗겨지고
마음도 갈기갈기……
남은 것 하나 없이
공수거루 떠나더이다

이거 정말
편집에 붙여보니
자막 없는 코믹한
인생 풍경 아니고 무엇입네까?

국립극단 <조씨고아, 복수의 씨앗>

액터즈 스튜디오

맑은 눈에 비치는 희극
천진한 눈망울에 꽃 피는 비극
바른 말 속에 정의가 살아 움직이는 액션
마임이 아닌 스토리가 가득한 배우
환영합니다.
이제,
액터즈 실험실에 입문하셨군요!

국립극단 <조씨고아, 복수의 씨앗>

삶의 6가 수칙

그가

　　매일

그곳에

　　욕심 없이

이유도 없이

　　그냥 삽디다

국립극단 <조씨고아, 복수의 씨앗>

스턴트맨

허공에 매달린 채
거꾸로 매달린 채

아래를 내려다보며
경악에 차
입 벌린 무리를 보지요.

이제 줄을 타고
허공을 가르면
좋아라 손뼉 치는
무리를 볼 수 있지요.

클라이맥스
곡선을 따라 뛰어내리면,
한없이 곤두박질 뛰어내리면
더 좋아라 열광하는 무리

마지막
가을 잎 추풍에 떨어지는 낙엽처럼
사뿐히 떨어져 내려
미동도 없이 누워있으면
기립박수로 죽음을
환영해 마지않는 무리

삶의 연기는 그렇게 허접한 스턴트맨이올시다.

뉴욕 Lamama 극단 시절의 동료들

This is a Moment

눈 들어 바라보니
젖병이요

어머님 말씀에 귀를 여니
스물아홉이라

돌아볼 겨를 없이 새끼 젖병 물리니
얼라, 서른이 훨 넘어버렸네

그래 그렇게 어쩌고저쩌고
아득해서 둘러보니
환갑이 넘었구나

그리고 이 글 쓰는 순간을 돌아보니
팔십 춘광에 삐걱거리는 관짝 옆이라

하마,
그러고 보니 인생이…….

'얼라, 아차, 번쩍' 하는 瞬間이네

미쳐서 맺혀서

그녀는 오늘도 미쳐서 맺혀서 산답니다
그녀는 어제도 미쳐서 맺혀서 살았답니다

그녀는 내일도 미쳐서 맺혀서 살겠지요

　　십 년이 지난 후에도

그녀는 미치지 않고 맺히지 않고는 살 수 없겠지요.

　　오십 년이 지나

그녀는 말 잊은 망부석이 되었답니다.

천치 효과

사람들은 그를 가리켜
바보 중에 왕바보라고 했습니다.
화가 나도 그냥, 마냥, 고냥, 고렇게……웃기 때문이지요.

사람들은 그를 가리켜
참으로 보기 드문 변태라고 했지요.
슬퍼도 그냥, 마냥, 고냥, 고렇게……웃기 때문입니다.

사람들은 그를 가리켜
우문우답이라고 했지요.
물어도 물어도 그냥, 마냥, 고냥, 고렇게……웃기만 할 뿐입니다.

사람들은 그를 가리켜
무법천치라고 했습니다.
남들이 웃으면 그만, 저만, 이만, 고만……울기 때문입니다.

왜 그럴까요?
그는 '천재=천치'이기 때문입니다.

50년 후 나의 예언 시

2070*%무?-#,ㅜㅛ“pb’*2
장wkd!~9_&888*@#30
Dea@d%죽;ㅌx?/567777
장소리/?%3*8黙NonE#0
空rhd+=ㅌx487~3手t2
장dls인fb류-=滅whd기0
wl지rn구+=tkfkwls다7
장ㅈwㅏkoㄷeㅜn-12000
RmxRmxRmxRmxRmx
-The End-

고려대학교 100주년 기념연극제 공연 후

등성이고개

다발을 얹고 지고 힘겹게 올라가는
힘센 소마저 허얼떡 쉬어 가게 만드는 곳
구름 따라
휘감는 바람조차
숨 쉬어 가게 만드는 곳!

수 천 년 징 박아
마냥 세상을 부릅뜬 채 바라보는 장승마저
노기를 누그러뜨리는 천상의 이곳!

이제 아흔 인생 굽이를 돌고 돌아온
노인의 옷깃을 붙잡아 뒤돌아보게 하는 곳!

그곳엔 숨이 있네
그 한숨, 일순(一瞬)이 있어
이제 가는 내리막길
듬성듬성 축복하려 한답니다

뉴욕 시절 프로필 사진

히어로

(히어로 1)
그의 피부는 다른 사람들하고 유난히 다릅니다.
그 다르다는 이유로 사람들이 그를 다르게 취급합니다.
그러나 그는 내게 히어로입니다.

(히어로 2)
그의 이마는 유난히 튀어나왔고 키도 유난히 작습니다.
사람들이 모두 그가 싫어 비켜 가지만
그는 내게 히어로입니다.

(히어로 3)
그는 글을 읽을 줄도 쓸 줄도 모릅니다.
그러나 그의 가슴은 누구보다 빛나는 지혜로 가득 차 있습니다.
그는 분명 나의 히어로입니다.

(히어로 4)
그는 말을 할 줄 모릅니다.
너무 여린 마음에 남 앞에선 늘 어색하죠.
그러나 그는 내게 히어로입니다.

(히어로 5)
그는 하루종일 주인이 시키는 대로 그 자리를 지키고 있습니다.
그의 타고난 본분이지요.
그런 그는 나의 히어로입니다.

(히어로 6)
그는 욕심이 없습니다.
그래서 늘 남한테 당하고만 살지요.
늘 남을 위해서 산답니다.
그는 우리의 히어로입니다.

프랑스 극단과 <칼릴라 와딤나> 연습

예감과 영감 사이

땅거미마저 누워버린 가파른 고갯길
그 길 위에 난,
새로운 길 아닌,
또 다른 길…….

그리고 그 새로운 길에서 총 맞은 파편처럼
흉측하지 않은
쪼개진 세 갈래 길…….

그 길에 하염없이
70년의 세월을 서 있어도 찾지 못하는 숙제…….

골 깊은 뭉게구름과
그 구름 사이에 오도 가도 못 하고
자는 듯 쉬어 있는,
공기의 정…….

그리고 그 사이
물에 젖은 머릿결 모양 헝클어진 바람의 진동
그 진동 사이를
약에 취한 악마처럼 헤매던 길고 긴 사연의 시간들…….

땅속 지하 깊이 매몰된 미세한 먼지처럼
작은 생명체
이름조차 기억할 수 없어
그냥 벌레로만 여기는 생명의 단말마
그 유심한 발바닥 틈새에 보이는 작은 흔적의 기호
그 기호를 사이에 두고 울부짖는 영혼의 집념…….

같은 보라색이나 수천, 수만 개로 나누어지는 색깔의 황홀
그 이름도 무색한 색의 존재
그리고 그것이 미치는 직접적인 영향
어떤 광학으로도 변명의 여지가 없는
현란한 색깔의 파티
그 사이를 맴도는 숨결 같은 입자의 떨림과 흔들림…….

시종 후각을 자극하는 시간 냄새
이제껏 경험하고 맡았던 냄새와 전혀 모를
또 다른 후각의 자극이…….

거기에 더 깊고 넓은 안개처럼 번지는
상념의 냄새…….

어느 날 그 냄새마저
무취 무색 무념이 돼 버린 날
바라보니 물보라 속에 사라진
찬란한 삼천 삼백의 무지갯빛 프리즘…….
나의 예감도
나의 영감도
결국은 이 모든 것 속에서 잉태되었구나.

나의 가족

비전/본능/보존

미동도 없이 앉아있는 그의 눈에 비치는 한계
세상에서 가장 보드라워 만지면 곧 깨질 것 같은 그것
너무 큰 소리이기에 들리지 않는 광대한 침묵
닦고 닦아도 그 실체는 감추어져 속을 모르는 보물.

사라진 것이 아니라
우리에게 보이지 않는 선물
섬광처럼 언제 어느 때
나타날지 알 수 없는 진리의 계시.

쉽사리 눈에 뜨이지 않지만
늘 우리 곁을 맴도는 사념의 끝자락.

이름 부르기 어려워
구르고
솟고
꺾어져 흐르다
붙여진 이름.

그렇다.
본능의 비전을 잡아야 보존이 되느니…….

손 & 손

당신의 손은 화가의 멋진 그림입니다.
어쩌면 역동이 그처럼 가슴 벅차게 솟아오릅니까?
자면서도 당신의 손은 말하지요.
　　"나 모든 것을 알았노라."

숨결처럼 보드라운 당신의 손은 천사의 마음입니다.
당신의 손이 닿는 순간
뛰는 가슴은 잠에 빠진 아기의 진솔한 숨결이지요.
　　"나중에 모든 걸 알게 되지요."

　　창조주의 손을 닮으셨나요?
　　당신의 손은 닿으면 부서집니다.

세월의 때가 묻어 겸허하면서도 수줍은 듯
그러나 당신의 손은
쉼 없이 달리는 경주마.
쉴 때는 가만히 잡고 싶고
말씀하실 땐
멋진 삽화의 동선처럼 주변을 천진난만으로 채색하고

숨을 쉴 때면
고동치는 살아있는 멋진 이야기를 지닌…….

오,
그래서 당신의 손이 그립습니다.
"나 그대를 사랑한다."

<장두이 연극인생 50주년 기념공연>
포스터

뒤뜰에 맷돌 하나

장구한 세월을 견딘 통돌의 상흔
우둘두툴 움푹듬푹 듬성듬성
그래서 더욱 정감이 가는 우리 집 뒤뜰에 맷돌 하나
오곡이 스쳐 가고 백곡이 섞여가고
온갖 삶의 흔적을 고스란히 담고 안은 우리 집 맷돌 하나
무딘 돌이 아니기에 찰떡궁합으로 짝을 이룬 우리 집
매엣 맷돌

한평생도 모자라 세 평생을 견디며 세 주인을 모셨던
지극한 돌 아닌 그냥 맷돌

바람에 쓸리고
비에 씻기고
눈에 덮이어

모락모락 숨죽여
생사고락을 함께 한 우리 집 맷돌 하나
연자방아처럼 요란치 않지만
인정이 가득 있어 좋은 우리 집 맷돌 하나

아, 새삼 그 맷돌 앞에 머리 숙여
망자를 염(念)합니다.
일심으로 정~념
아보오오오오오……

연극 <막스 프리쉬의 만리장성>(25세 때)

F 선상의 아리아

D 앞에 죽음을 희롱하는 F
E 앞에 잘못을 박장대소 흘겨가는 F
A 플러스 앞에 고소를 머금는 F
G 선상의 아리아를 맘껏 비웃는 F
J 의 Jade 보물 앞에서 신음하는 F
B 앞에 만년 B이기에 울고 있는 F
C처럼 생겨 팔자 사나운 F
H 기둥 앞에 예수처럼 못 박힌 F
K가 있어 더욱 서러운 F
P 앞에 숨죽인 우리의 F
O 나는 오로지 O일 뿐 Not F
S 세 개를 훔쳐보며 몸 사리는 F
Y 같은 새총에 간신히 매달려 목숨을 구걸하는 F
W 와우를 끝없이 외쳐대는 가련한 F
I가 있어 You 같은 F
L 자 선반 위에서 편안히 잠을 자는 우리의 F
Q 싸인이 떨어지기 무섭게 도망가는 F
M 뒤에 N 그대는 늘 간발의 차이 F
V 승리의 노랠 불러라 F
X의 노래는 F를 전제로 부르는 내 영혼의 함성이며 침묵

"짱의 노래"는 F 위에 F,

F 뒤의 F,

F 옆의 F,

이제 다시 F 앞의 F…….

영화 <깜보> 개봉극장 간판

(연)演 & (기)技

연연함이여.
세기 앞에 모든 것 머금고 섰어라.
당당한 풍채는 임금보다 낫고
굉음의 소리는 대장군보다 우렁차다.
진실의 소리는 역사의 진실
음미하는 몸짓은 청룡의 날개짓이라
　　　　그래서 바야흐로
演(연)技(기)는 신의 경지요 技(기)藝(예)로세

뉴욕 공연 <아이갸이갸 심청>

일인극 <춤추는 원숭이 빨간 피터>

봄, 여름…가을, 겨울…

봄날은 장날이다.
봄날은 새날이다
봄날은 높은 날이다
봄날은 푸른 날이다
봄날은 맑은 날이다
봄날은 메아리다
봄날은 종달새 노래가 있는 날
봄날은 엄마 손이다
봄날은 처녀 가슴이다
봄날은 총각 눈이 뒤집히는 날이고
봄날은 기다림의 끝이다
봄날은 어린아이 고기 잡는 날이며
봄날은 아침이 그리운 날들이다
봄날은……
　그래서 짧은가 보다!

여름은 가을의 청명을 여는 계절.
여름은 쉬어 가는 여유의 계절.
여름은 천둥과 장맛비에 춤추는 계절.
여름은 수박이 탐나는 계절.
여름은 참외가 단맛을 한껏 뽐내는 계절.
여름은 외양간 소가 파리 떼로 분주한 계절이고
여름은 시원한 개울가에서 물장구로 물방게 좇는 계절
여름은 그저 콩국수 한 그릇으로 배부른 계절이고
여름밤 모기를 쫓으며 별똥별에 추억을 묻는 계절이다.
여름은……
　　그래서 긴 한숨이 배어 나오는가 보다!

뉴욕 Lamama 극단의 마마, Ellen Stewart와 함께

가을은 청라 빛 물보라가 생각나는 환상이다.
가을은 그래서 노래가 있다.
가을은 그래서 사랑이 있다.
가을은 그래서 이별이 더욱 서글프다.
가을은 그래서 나뭇잎 냄새가 있어 좋다.
가을은 그래서 짧을수록 운치가 배어난다.
가을은 절로 노래가 나오고
가을은 노래 끝에 한숨을 엿들을 수 있어 좋다.
가을은 여인의 계절이고
가을은 그 여인을 보내는 남자의 시절이 있어, 아……가~을이다.
가을은……
　　가없는 지평선일 뿐!

겨울은 어린아이 정수리에 모락 김이 샘솟는 계절.
겨울은 흰 눈이 아니어도 하얘서 좋아.
겨울은 살가운 기운이 있어 삶의 긴장을 느끼고.
겨울은 충동적이어서 좋다.
겨울은 파티의 계절이다.
겨울은 사랑하는 여인의 속살처럼 범접할 수 없어 더욱 사랑스럽다.
겨울은 바이올린의 매운 고음처럼 추억이 귓가를 맨돈다.
겨울은 매운 고추의 향연이다.
겨울은 슬피 우는 철새의 긴 파람이 예사롭다.
겨울은……
　　봄을 기다리니 순환을 알리는 희망의 종소리!

뉴욕 공연 뮤지컬 <Yunus> 분장실에서

춤추는 나무

그는 지난해 모진 비바람을 견디어 왔다.
왼쪽 윗부분 가지가 부러졌다.
긴 아픔 이를 물고 참고 참았다.
하긴 이런 정도는 매년 감수해야 하는 걸…….

올 겨울은 유난히 매섭고 추웠다.
햇님이 대지를 비추고 있었지만,
그의 가녀린 팔다리는 추위에 떨어야 했다.
더욱이 주변의 나무를 마구 베어 가버리는 사람들이 더 무서웠다.
올 한 해는 이렇게 넘어갈 수 있겠지만 내년은 장담할 수가 없다…….

봄이 찾아왔지만, 그의 잎새는 움틀 기색조차 없다.
봄은 봄이라지만 유난히 건조한 비 한 방울 없는 봄이다.
봄이 좋다고 한 아버지의 유언은 이제 허튼 말에 지나지 않는다.
봄의 축제는 이렇게 사라져 버렸다.

가을을 탄다.
가을이 탄다.
가을로 가는 길목에 나무가 타고 있다.
벌거숭이 산등성이가 시꺼멓게 잿더미로 변하고 있다.
유난히 가뭄이 긴 이 가을은 그래서 더 이상 가을이 아니다.

간신히 목숨을 부지한 이 나무는 요즘 한숨도 잠을 잘 수가 없었다.
천둥 번개보다 더 무서운 인간이 만든 환경 재앙이
언제 닥칠지 모르니 말이다…….

언젠간 나무 한 그루 없는 삭막한 세상이 될지도 모른다.
그래서 우리의 나무는 오늘도 오들오들 떨고 섰다…….

프랑스극단에서 연출과 음악을 맡아서 한, 중세시대 기사 <르노 드 몽 토방>

가을 사랑

가을이 탄다.
농부의 얼굴빛처럼 가을이 우리 코앞으로 왔다.
흘러가는 구름이 곁으로 흘러도 부끄럼 없이
그렇게 가을은 익어만 간다.
감나무 밤나무 벌어진 열매 사이로 가을이 고갤 배시시 내밀고 빵끗.
등짐 잔뜩 짊어진 우리 소 콧속에도 어느새 가을이 앉아 있다.
가을은 이른 아침에도 늦은 저녁에도
　　꼬~옥!
두 차례 숨바꼭질을 풀고 여민다.
아,
익어가는 가을.
한가운데 섞어 메기는 흥타령 가락이 영락 가을을 메기는 소리다.

사랑의 증언

(1) K는 그녀를 끌어안았다.
열병처럼…….
뱃속 깊숙한 곳에서 신음이 흘러나왔다.
K는 고백하고 있었다.
"당신을 사랑한 것도 죄인가……?"

(2) J는 그를 오랫동안 바라보고 있었다.
그의 눈 속 깊은 곳을 유영하며 사랑의 약속을 찾고 있었다.
그러면서 흐르는 두 줄기 눈물…….
J는 말하고 있었다.
"제발 아프게 하지 말아요. 진정으로 사랑해요!"

전통무속무용
<진쇠춤>

Me & 셰익스피어

삶보다 죽음을 먼저 노래할 줄 알았던 시인.
모국어 영어를 뛰어넘어 세계 공용어를 창시한 언어의 마술사.
비극이 희극이 되고,
희극이 비극이 됨을 일깨운 세상사 드라마의 구루.
성경을 알고 불경을 간파하고 무속을 넘나든 참 종교인.
인생사 헛된 리듬을 가진 한마당 꿈이자 현실을 그린
세상만사 풍경화가.
그의 대사는 내뱉는 족족
버스킹에 거품 물고 부르는 가수의 외침이어라.
셰익스피어는 그 어떤 공연 보다 차라리 읽어 내리는 속에
감춰진 값비싼 보물이다!
단 한 편의 셰익스피어를 못 보았거나 못 읽었다면 가련한 인생!
셰. 익. 스. 피. 어!
그 이름만큼이나 내 폐부를 찌르는구나.

창작뮤지컬 극단 자유의 <바람, 타오르는 불길>

비의 연가

비가 온다.
시원한 빗줄기에 몸을 실은 빗소리는 기막힌 하모니다.
낙숫물 떨어지는 정경도 그림이지만
그 소리는 더욱 우리 집 삽살개 '업둥이'의 귀를 쫑긋하게 만든다.
빗속에 저 멀리 겸손하게 고개 숙인 저수지의 수양버들이
오늘은 환희의 목욕을 탐욕스럽게 즐기고 있다.

비가 온다.
넘실대는 바다에 흩뿌리는 비는 물보라 안개비로
지나는 객의 눈을 사로잡는다.
오늘따라 비에 젖은 갈매기 한 쌍이 더욱 포만의 노래를 짖어댄다.
비가 오면 바다가 더불어 미친 듯 격정의 춤을 추지 않더냐…….

비가 온다.
외양간 여물 먹던 소도 빗소리를 감상하나…….
껌뻑이는 둔탁한 그의 눈길이 이내 염불 외는 순한 돌부처처럼
道를 쫓는다.
비가 오니 파리의 날 샌 소리도 느슨해졌다.

그래서 비가 좋다.
소낙비도
보슬비도
이슬비도
새우비도
여우비도 상관없다.
보기도 듣기도 젖기도 좋아 비는 오래된 藥水어라.

괴테의 <파우스트>에서 악마 '메피스토펠레스' 역할

파도타기 사랑

　일렁인다.
넘실대며 춤을 춘다.
　벌렁인다.
냄새에 묻혀 갈구하는 수도승이다.
　술렁인다.
몸 저 한구석에 감춰진 의식의 흐름이다.
　노래한다.
겨워겨워 잊혀진 감성의 나팔소리를 듣고 합창한다.
　속삭인다.
절세 미인의 아름다운 비밀의 탐험이기에 더욱 그러하다.
　포옹한다.
더 이상의 표현이 없기에 막장이다.
　입맞춤…….
이별을 못내 아쉬워하는 하소연이다.

1976년 장두이 첫 일인극
<마지막 테잎>

아내

아내는 언제나 '아~네……'라고 대답할 줄을 안다.
겨울밤 새어드는 바람을 마지막으로 닫을 줄도 안다.
아내의 가냘픈 허리가 어느새 굵어질수록 믿음직스럽다.
그녀의 배는 세상을 품은 고귀한 배니까.

아내가 울고 있을 때
그건 마지막 행복을 바라고 기도하는
절천지의 울음이다.
그래서 생긴 것이 주름인가.
그래도 난 좋다.
아내의 '아~' 는 '나~의' 숨결이니까…….

아내의 손은 때 묻을 날이 없다.
늘 바쁘게 움직이니
언제 해묵은 손님처럼 앉아 숨을 쉬랴.
그래도 아내의 손을 잡으면 내 마음이 묽어진다.
평화의 상징이자 생활의 힘이다.

아내는 가끔 웃는다.
그런 모습이 날 슬프게 만든다.
행여 아내의 훈향이 사라질까 봐…….

이런 저런 사연과 이유로
난 아내를 모질게 사랑한다.
이걸 일러 '전생+緣分'이라 하던가……?

연극음악 작곡가이며 음악 감독인 아내 신수정과 함께

나비

나비야.
돌아돌아 감돌아 날아가네.
나비가 꽃을 찾아 섬돌에 사뿐히 걸터앉았네.
나비는 꿈.
꿈을 주는 나비.
멈칫 휘어지는 능수버들 사이로
길을 찾아
꽃 찾아
꿈을 찾아
휘감아 날아든다.
나비는 울렁이는 물방울.
안에서 밖으로
밖에서 안으로
나비는 무애무의 춤을 춘다.
나비는 애무애의 노래를 한다.

술

술이 녹는다.
물이 숨고
불이 춤을 춘다.
솔이 향기를 주고
열이 흥을 돋우고
일이 술을 부르고
발이 발술을 건네고
벌이 벌주를 먹이고
둘이 합환주를 사이에 뒀네.
굴이 청주를 부르고
얼이 술독에 빠졌네.
살이 술 땜에 떨리고
실이 술을 머금어 팽팽
결이 술에 취해 비틀배틀
밭이 술밥에 휘영청청
별이 이별주를 안겨주네.
오호라,
그래서 술이 친할 친자 '親口'로구나.

하늘하늘 하늬바람

하늘이 내려앉아 내 발 밑에 숨었다.
하늘이 동전만큼이나 작아졌어.
하늘 아래 인재 없고 하늘 위엔 사람이 없던가.
그러다 부는 바람이 있어
하늘이 어느덧 내 옆에 섰다.

하늘은 지붕.
지붕은 구름.
구름 위에 하늬바람.
그래서 바람이 무서워.
오호, 영락없는 광풍일세.

하늘하늘 하늬바람
소슬소슬 손 위 바람
바람에 뜻을 달아
하늘에 올랐어라.
미치고 비천한 세상
이제 다
세상 구경 마쳤도다.

1977년 제1회 대한민국연극제에서 극단 가교의 <아득하면 되리라> 주인공 거북이

왜?

쳇바퀴
　　방울방울
세모
　　원 속에 원
끝
　　시작이 말라버려
가슴
　　지리도록 아파?
사연은 셋
　　열셋에 삼천 배
핏방울
　　은쟁반에 요한
무릎 꿇고
　　허리띠 졸라매고
머리 숙여
　　번뇌의 울음

왜 사나?

        왜 우나?

왜 죽는가?

왜

왜

왜

왜

왜 왜 왜 왜 왜……?

1986년 뉴욕 공연 주인공 '아가멤논'

마음

오늘도 잡아 세워라
서글픈 감상일랑 뒤에 묶고
설워마라 다짐한다.

기찻길 옆 갓 피어난 들국화
님 한 번 치어다보고
언제 질 지 몰라 고개 꼬고
손 사레 치며 함박웃음 갓 젖는다.

길손아,
들꽃도 피었다만
피지 못한 마음일랑 슬퍼말아라.

기약 없는 내일, 모래, 글피, 그글피……
지나온 자취는 묻혀있고 덮여 있어

가다가 다시 오는 날
물어물어 마음 心이어라.
싫어싫어 마음 心이어라
사랑사랑 결국은 사랑 心이어라.

햇빛처럼 춤을 춰

햇빛처럼 따사롭게 호화롭게
햇빛처럼 빛나는 공기의 영과 정.
허공을 가르며 발끝에 머금는 떨리는 전율
눈망울은 하늘을 향하고
손끝은 희망을 품었다.

새의 날개 짓처럼 평화와 사랑을 전하는 댄싱 퀸
감성의 강에 뮤즈신의 땀을 흩뿌린다.
물 흐르듯 별이 흐르고
발돋움 숨도 같이 땀을 흘린다.

춤을 춘다.
움을 돋워라
사위에 내닫는 정서가 천지간에 어우른다.
더불어 백조가 학이 봉황이
나와 함께 춤을 추네.
햇빛 가르는 처연한 울음소리와 함께…….

말 울음소리

말의 소리
그리고 울음
그리고 타는 눈

소리가 있어 울음을 울고
눈이 있어 옆을 본다.
　Equus!

눈 있는 척 하는 인간들
보면 볼수록 말이 없어지니
울 수도 웃을 수도 없다.
　Equus!

달려라.
그러면 좌우 옆을 볼 수 있고
눈에 비친 미친 세상 구경하리라.
　Equus!

울어라.
그렇게 울며불며 하고픈 속 내음
말에 담아 실어 보내자.
　Equus!

말도 많고 눈도 많아
백마 흑마 청마 적토마
네 발굽 아래 세상이로다…….
Equus!

연극 <배터리>

잡초야!

길가에 소담하게 핀 이름 모를 꽃 하나.
유채꽃 보다 개나리 노랑보다 더 노랑 꽃 하나…….
길가에 핀
죄 아닌 죄로
누구도 아무도 보지도
살피지도 않아.

하늘 향해 님을 기다리나?
두 팔 벌려 방긋 웃어 본다.

비가 오면 머리 받쳐 들고,
우르릉 천둥에도 숙이지 않네.
함초롬한 그 자태
어느덧 귀태가 돌고
그 모습 남부럽지 않다.
세상 모두가 거짓과 가짜투성이
니 모습은 천상 자연에 속했어라.

이제 다시 몰려오는 세찬 비바람
부디 견딜 줄을 알려무나.

그러다 다시 햇빛 비추는 날,
더욱 성숙해진 니 모습
행여 망가지지 말거라.

누가 이름 붙였던가?
'잡초'야 '잡초!'…….

아니다
넌 영락없는 명초.
세상에 보기 어려운 수려한 꽃 중의 꽃.
왕 중의 왕.

오늘도 널 만나는 내 기쁨
절세의 인연
아니고 무엇이냐…….

6월이 가면

짙은 녹음이 춤추고
파란 하늘이 바다에 숨고
구름이 몰려들어 아우성에
빗소리 후둑후둑
이렇게 6월은 간다.

누가 정했나?
1년의 시간
일 년의 반이 가고
온전히 가을을 기다리는 6월
그래서 6월은 12월의 로고송이다.

유월도 육월도 아닌 6월의 한낮
멍멍이가 뒤꼍에서 졸고
수탉이 곤한 홰를 치며
암코양이 암내 풍겨 울어댄다.

주인도 이웃도
문턱 찾은 6월은 쪼개지 못해
그렇게 마냥
6월은 그냥 스쳐간다.
그렇게 마냥 6월은 반쯤
도망간다.
그렇게 마냥 6월은 우리 곁에서
사라졌다.

뮤직씨어터 <물고기가 나는 재즈카페>에 출연한 나의 친구 W. Lucas와
라이브 음악을 연주한 아내 신수정

천로역정

천길 벼랑 같은 인~생
막다른 길 끝
죄 많은 삶을
끝은 어디인가?
에구, 시작인가

길 따라 세월 따라 가는 인~생
비좁고 좁은 문으로
배웅한다
또 다른 시작인 것을…….
돌아보니

문이 화들짝 닫혔구료

연극 <청바지를 입은 파우스트>에서
윤소정 선배와 윤주상

눈과 눈

눈을 들어 눈을 본다.
하얀 눈이 내 눈 위로 떨어진다.
백색의 눈이 부럽다.
눈엔 모든 걸 그릴 수 있지.
아내, 딸, 아들, 벗님네들
그리고 그리운 얼굴들…….
눈과 눈이 마주하니
그림이 삼백스물여섯!

극작가이며 연출가 김상열 선배와 뉴욕에서

웰다잉

웰웰웰 라이프에　　웰웰 다잉
구디구디 웰빙에　　웰웰 다잉
사는 것이 있으니　　끝이 있는 법
잘 사는 것이　　잘 맺는 것
인생 여정　　아름다운 여행길
참으로 아름답게　　참으로 멋진 맺음이
마지막 단말마에　　마지막 노랫소리
웰웰웰 라이프에　　웰웰 다잉
구디구디 웰빙에　　웰웰 다잉

뉴욕에서 세계적인 연출가 안드레 서반과 뮤지컬 작곡가 엘리자베스 스웨도즈의 뮤지컬 <아가멤논>에서 아가멤논

새벽소리

먼동이 트기 전
오늘의 시작을 알리는 하늘 소리
까막까치의 울림도 희망의 소리
윙윙 바람에 나부끼는 전선줄에도
짙은 내음의 인간사 소리가 고대 어울린다.

소스라쳐 깨어난 악몽에도
새로운 날의 실 낫 같은 희망을 기도한다.
끝없는 삶의 신음소리
바하의 선율보다 더욱 아름다운 고혹의 울림
새벽에 들리는 삼라만상의 소근 대는 기적소리
언제나 정겹고 애달프다

길

골목길-인정이 스며있는 발자취
샛길-빨리 서둘러 돌아나가는 숨길
산골길-수백만 발길의 사연이 고스란히 맺혀있는 자취길
고갯길-인고의 아흔 아홉 고개고개 너머너머
삼거리길-어디로 가던 눈물과 웃음이 있는 길
사거리길-더 많은 선택의 여지와 여분이 있어
시장가는 길-손자 손녀가 뛰어 가다가 넘어지는 길
학교 가는 길-아침엔 흐리고 오후엔 해맑게 웃는 길
새로 난 신작로길-희망의 살길
낭떠러지 길-벼랑 끝 간 데 없는 아득한 안개 무한 길
새남터길-쇠고랑 찬 죄인 잠시 발길이 머무는 곳
황천길-강 건너에 훨훨 타오르는 불길
하이웨이-마음까지 뻥 뚫린 고속 길
마이웨이-내 삶이 고스란히 담겨있는 고독한 길

인생 드라마

찻잔에 비친다.
방울져 떨어져 나린다.
눈물에 얼룩진 영혼의 무당방울
파문이 인다.
주저리주저리 얘기 보따리는 애수의 광시곡이다.
미주알고주알 변명은 소리 없는 아우성이고.

초점 없는 미소는 눈가에 번져있고
번뜩이는 회한은 얼음장처럼 죽어있다.
찌든 손에 들린 꽁초는 고목나무 낙엽처럼
고개 숙여 늘어져있고
팔다 남은 영혼은
나부끼는 바람에 흙먼지 되어 날아간다.

마지막 숨소리 흐~흐~흑!
마지막 미소 크~으~윽!
　마침내
마지막 꺼져가는 촛불 위에
슬픈 카페의 노래되어 흩어진다.
　ㅜㅜㅜㅜㅜㅜㅜㅜㅜ…………………………….
　ㅠㅠㅠㅠㅠㅠㅠㅠㅠ…………………………….

演技~열여섯매경

1. 그대는 죽음을 앞두고 시술하는 의사요
2. 속임수를 전혀 쓰지 않는 마술사요
3. 길거리에 회자하는 노래를 금덩이로 만드는 연금술사
4. 우주를 통찰해서 꿰뚫는 점술사
5. 미래를 예언하는 예언자며
6. 만인의 심금을 울리는 시인이라!

7. 최고의 연기는 침묵
8. 최상의 연기는 눈빛
9. 지고의 연기는 살아있는 숨소리
10 .좋은 연기는 상대방을 들어주고
11. 더 좋은 연기는 상대방을 받드는

12. 절대적 연기는 공기를 가르는 예지의 에네르기
13. 최대의 연기는 한없이 끝없이 나누는 것
14. 감동의 연기는 소름 돋게 만드는 것
15. 막다른 연기는 평생 잊지 못하게 만드는 것
16. 마지막 절정의 연기는 유언 같은 단말마의 외침

演技는 煙氣처럼 사라지지 않고,
결코 延期되어선 안 되는,
演技의 절정은 참연기를 행하는 絶對絶命의 마지막 ACTION!

사계절은 왜?

내음

냇물

냉정함

냉랭한 사연

누랑

불꽃

무지개

백색의 파티

소년의 기상

17세의 화려함

불혹의 매혹

백발의 소용돌이

노새

성난 입김 모락모락
외고집 고집불통
한 평생 그렇게 살았으니
뜯어말릴 자 누구랴?

껌뻑이는 눈에
세상이 흔들려
고대로 삶 고달프나
참고 또 참는다

목에 멘 밧줄
세월에 긁히고 얽혀
핏빛이 선연해도
허허로이 울음 웃다

아침에 하늘 보고 처연하고
해질 무렵엔 숙연하다.

하늘 쳐다보며
노새가 울부짖는다.
이~히~잉! 이~히~잉!
"이놈의 세상……히말라야 등정인가.
개골산 잉어잡이 낚싯줄인가……!"

베케트 연극 <게임의 종말>

산다는 건~죽는다는 건건건……

산다는 건, 거친 풍랑에 맞서는 즐거움
　　그럼 죽는 다는 건?
산다는 건, 죽는다는 전제로 받은 축복
　　그럼 죽는 다는 건?
산다는 건, 카니발에 동참하는 것
　　그럼 죽는 다는 건?
산다는 건, 주인이냐 하인이냐 결정하는 것
　　그럼 죽는 다는 건?
산다는 건, 왜 사느냐 부추기는 원동력
　　그럼 죽는 다는 건?
산다는 건, 시작과 종말을 경고하는 경고음
　　그럼 죽는 다는 건?
이제……산다는 건, '아~ 어~ 크으윽!'
　　그러다 '꽥!' 하고 죽네 그려!

죽는다는 건, 마감이 아닌 새로운 시작
그럼 산다는 건?
죽는다는 건, 선명한 빛을 좇는 시선
그럼 산다는 건?
죽는다는 건, 추악한 과거와의 이별
그럼 산다는 건?
죽는다는 건, 발길이 아닌 영혼의 손길
그럼 산다는 건?
죽는다는 건, 새로운 호흡의 숨결
그럼 산다는 건?
죽는다는 건, 산다는 것의 대단원
그럼 아직 살아있다는 건?
이제……죽는다는 건, '후~ 와~ 끄르륵!'
그럼 삶과 죽음이 '와오하!'
<제기럴, 하나네…….>

씻기어라 씻김굿

에이 어 어허이어 어야라 디여 디어챠
구궁 쿠궁궁 궁궁따 구궁따 으따따 이야
징 징 지징이잉 징 징 지지징이잉 징쾡
날라 날라 날라리 구야 나알날라 날라리 쿵딱
쿠궁쿵쿵 딱딱 쿵딱 딱쿵딱쿵 쿠궁궁궁 딱딱
여이어 여이어와 어이야 디여 어여라 차
　　씻어라 씻어라 몸도 씻고
　　맘도 씻고 혼령도 씻어
　　세상만사 씻고씻고 벗어라
　　구린내 비린내 씻고씻어 벗겨라
　　구기야 넘자 어어와 넘자
　　무진장 시궁창 씻고씻어 헤쳐라
　　어기야 벗자 어어와 벗어라
　　삼라만상에 법도도 사라져
　　구기야 세상살이 허접스러워 못살겄네
　　어허 어허 어기야 디기야
　　씻고씻어 속풀이 분풀이 살풀이 하였구나
　　어기야 묻자 어어와 덮어라
땡그르르 쟁쟁쟁쟁
콩코당 딩당 뚜룽땅
쿠다당쿠다당 쿵떡 치양!

하`나`님

하이얀

나무 위에

님의 목이 대롱대롱

하나님 음성

띠잉~

찌르릉~~

뾰옹~~~

빠아앙~~~~

안돼용~~~~~

끼~이익~~~~~~

싹뚝싹뚝~~~~~~~!!!

고요함

떨어지는 하나 방울 물소리 뒤……여운
사라지는 유성별 뒤……자태
멀어지는 당나귀 방울소리 뒤……울림
길어지는 서녘노을 뒤……그림자
스러지는 마지막 숨소리 뒤……앙금
뒤집히는 합창단의 아우성 다음……솔로
기울어지는 와인 병의 퐁퐁 소리 뒤……내음
유쾌해지는 아줌마들의 수다 뒤……허전함
명쾌해지는 악당들의 범죄 뒤……비밀
찌르라기 소리조차 숨죽이는 뒤……망연자실
고요 가운데 고요
지고 위 고요
천지 아래 고요
천고 중심 속의 또 고요.

짧은 모놀로그

내 이웃이 내 이웃처럼 안 느껴질 때,
　　난 슬펐습니다.
내 산과 강이 이렇게 변했나 싶었을 때,
　　난 울었습니다.

어느 날,
　　버스를 타고 간 친구의 동네,
　　그곳은
　　그곳은
　　더 이상 친근한 마을이 아니었습니다.

　　허허,
　　그래서 난,
　　긴 장문의,
　　소설을 접었답니다.

A, B군의 투투 트랙 日常圖

A군은 오늘도 한동안 고르고 고르던 넥타이를
쇠사슬 묶어 엮듯이 목에다 엮어 채우고……

B군은 오늘도 왠지 어색한 양복을
이것저것 고르고 골라 출근 가방을 안고 들고……

두 사람 엘리베이터에서 마주쳐……
서로 찔끔,
입술을 씰룩,
콧구멍 벌렁,
발정 난 하이에나처럼 서로를 살펴본다…….

사무실은 고요함 속에
괜한 긴장을 쓸어담고
마침내 각자의 세계로 조울증을 앞세워 침잠한다.
벽시계가 12시.
썰물처럼 사무실을 빠져나와,
삼겹살 돼지집으로 향하고,
식단이 식사를 하는지,
식사가 식사를 하는 지,
무심 유심이 창자 배 채우고,
화장실에서 배설의 쾌감…….

5시가 지나자 A, B는 사시처럼 눈을 세로로 뜨고
주변을 두리번두리번……
회사를 등지고
따가운 시선을 등에 멘 채,
무력한 무중력의 저녁 일상을 베개 삼아
무의식을 유영한다.

자정이 지난 시간
사체가 되어 관 짝 같은 침상에 고꾸라져……
고마워라!
매일 감성 없이 듣는 노래처럼,
알람이 없었던들 하루는 어떻게 시작했노?
그저그저 고마울 따름……
그저그저 하루가 지나갈 따름……
그저그저 그렇게 인생은 갈 따름인저…….

게으른 자여

오, 게으른 자여!
그대는 걸인도 될 수 없다.

오, 부지런 한 자여!
그대는 부자도 될 수 없다.

오, 복 있는 자여!
그대는 천국의 문 근처도 갈 수 없구나.

일인극 <춤추는 원숭이 빨간 피터>

드라마

結-끝이 났는데 끝이 아니야?
　　　　轉-전광석화 같은 마지막 노우트
　　　　　　　　承-이야기 삼천삼백개의 모듬께끼
　　　　　　　　　　　　起-시작인데 끝나버렸다.

그래서 드라마가 지고의 예술이 되려면
배워야 하고
들어야 하고
만나야 하고
열려야 하고
죽어야 하고……

그런데 하는 이들도,
보는 이들도
천치들 투성이……

그래서 제2의 셰익스피어도,
혹은 그를 능가하는 이도 없는 것.
잘난 문명이 인간을 퇴보시키고,
위축시키네.

終末이 증말 오네……!

잡티잡초

이 땅에 잡초 같은 놈들이 많아 장래가 심히 걱정됩니다
(고조선 한 백성의 말)
이 나라에 진정 뿌리 있는 애국자가 없으니 한심스럽습니다
(백제국 한 백성의 말)

우리 땅에 잡티 같은 일당이 많은 지라
뿌리 뽑지 않고선 나라의 기강이 서지 않을 것입니다
(고려시대 한 스님의 말)

수천 년 사직이 잡초에 묻히길 원하시오?
(이조시대 한 선비의 말)

잡티에게 나라를 빼앗기니 잡초만 무성하구료
(일제치하 애국지사의 말)

잡초잡티 같은 인간들이 정본을 모르니 근본이 없지요
미래가 걱정입니다……!
(갈라진 한반도를 굽어보는 조상 혼령들이 매일 내뱉는 말)

청아!

청 청 맑은 청
　　청 청 다을래 청
　　　　청 청 씻을 청
　　　　　　청 청 개울 청
　　　　　　　　청 청 속아리 청
　　　　　　　　　　청 청 물속이 청
　　　　　　　　　　　　칭 칭 수심 청
　　　　　　　　　　　　　　청 청 선비 청
　　　　　　　　　　　　　　　　청 청 청산 청
　　　　　　　　　　　　　　　　　　청 청 산삼 청
　　　　　　　　　　　　　　　　　　　　청 청 따오기 청

　　　　　　　　　　청 청 우리心-청 청

탈북민 & 탈남민의 대화

탈북민 : 진짜 얘기할 수 있갔소?
탈남민 : 니기미 못할 얘기가 뭐있을까 잉?
탈북민 : 동진 어째 탈남했간?
탈남민 : 그쪽은 워째 그랬쌋는가잉?
탈북민 : 내레 배고파서리!
탈남민 : 난 돈 없어 살기 어려운께!
탈북민 : 기래서 원하는 게 뭐가?
탈남민 : 씨부럴 돈도 싫고잉, 기양 시키는 대로 일만 하면 좋겠구만잉!
탈북민 : 내레 돈 좀 맘 놓고 벌어서, 실컨 배터지게 먹고 죽고싶다야!
탈남민 : 웜메 베리 나이스여!
탈북민 : 되도록 제국주의 말 말고, 순수 우리말 좀 쓰자야!
탈남민 : 워따 소통이 힘들구마잉
탈북민 : 칠십년 세월의 간격이디!
탈남민 : 니기미 울 아버지가 월남해서 벌써 98세잉께!
탈북민 : 울 오마니도 아흔 아흔 여덟이다야!
탈남민 : 오메……그게 딱 하나 공통점이구마잉
탈북민 : 종간나 이제 알간? 인증사진이나 박자우!
탈남민 : 따봉이여……자…… 치~즈
탈북민 : 뭐 어드레? 동지……만만세다야. 만만~세!
(탈북민과 탈남민이 나란히 카메라를 보고 섰다.
그들의 표정이 왜 그래? ……왜일까……?)

사랑한다 사랑해

안녕? 사랑한다사랑해사랑을한다
안녕? 맑은물같은손끝따스한온기를사랑한다
안녕? 목이긴사슴처럼먼곳을바라보는당신눈을사랑해
안녕? 파닥이는숨결소리가들리는당신의봉긋한가슴이사랑스러워
안녕? 까맣던머리결이어느새세월의늪속에눈처럼변한당신이사랑스러워
안녕? 내생일날이젠거칠어진손으로내려쓴사랑의엽서가시리도록사랑스럽다
안녕? 하이얀웨딩드레스입고함께찍은추억의앨범이나를부른다
안녕? 이제머잖아영면의잠속에서당신을부를내노래가있어사랑한다
안녕? 당신의 눈, 손, 이마, 발가락까지 사랑한다사랑해.

모스크바 연극좌 극장에서 공연한 일인극 <놀부자 타령>

연기(演技)를 말하다

1=연기는 말하는 문학이요.

2=연기는 노래하는 몸짓이요

3=연기는 소통하는 춤이요

4=연기는 울림 있는 오케스트라

5=연기는 오감이 넘실대는 향연

6=연기는 육감이 가득한 곡예

영화 <위선자들>

오, 에드가

글로스터! 에드가를 잊었는가?
오필리어! 햄릿을 잊지 않았겠지?
오델로! 손수건이 데스데모나 목숨보다 중하던가?
멕베드! 부인의 말을 그토록 믿었던가?
에드먼드! 에드가의 애비를 잊었는가?
셰익스피어! 부자유친, 붕우유신, 부부유별을 잊지 않았으니?
자네 진정, 대문호일세!

영화 <위선자들>

그림자가 햇빛에 어울리는 날

내 그림자가 찬란한 햇빛에 감기운 듯 취해버렸다
어느 웹툰 작가의 스케치마냥 선명하다 못해 늘어졌다
오월은 그래서 내게 코믹 터치 해피엔딩이다
　　　　지나는 차창에서 흐르는 G선상의 아리아
　　　　절정의 봄은 이렇게 미련도 없이 슬프게 지나가나 보다
　　　　내게 오월은 그래서 마일드한 커피향이다

아랑곳없이 양산을 받쳐 들고 지나는 여인
벌써 꺼져가는 오월을 시샘하던가
걸음걸음 살며시 내 그림자를 부른다

　　　　점점 길어지는 햇살의 여운
　　　　이제 다가올 여름의 문턱
　　　　빠르게 스쳐가는 한 쌍의 나비처럼
　　　　간단한 건들바람이 건들건들 내 뺨을 스치며 지나간다

하나의 풍경화 같은 오월의 하루
이제 뜨거운 태양의 열기 속에
부끄럼 없이 피고 지는 장미송이의 탐욕
살며시 고개 숙여 찬란했던 자취를 감추누나

햇빛에 드리운 내 그림자를 아쉬운 듯 눈여겨보며
오월은 그렇게 돌아오지 않는 다리를 건너
아스라이 사라져간다
눈부신 그림자 자취를 내 가슴에……
내 가슴에 남겨둔 채……

연극 르로이 존스의 <더치맨>

충만한 행복 가운데

해피 투게더-함께 해서 행복해요
해피 버스데이-생일 추카추카
해피 데이&데이-매일매일이 해피해피데이
해피 바이러스-너도 나도 행복한 인생
해피 프렌즈-친구여, 그대가 곁에 있음에 충만한 행복을
해피 포인트-행복 지수가 하나하나 쌓여가네
해피 이어 투 어스-우리 모두에게 행복한 한 해가 되게!
해피 스마일-당신의 행복 미소. 내 삶이 행복으로 충만하오
해피 나의 귀여운 강아지-해피야! 이리 온 쭈꾸쭈꾸……우리 해피!
오, 해피 라이프 & 해피 타임
오, 이 행복한 날에 축복의 해피 쏭을 소리 높여 부른다오.

미국 극단 KORUS PLAYERS COMPANY 시절

대한의 국극(大韓 國劇)

내게 우리 연극은 대한의 장엄한 스펙타클 국극이요.
바리데기는 내게 Tibetan Book of The Dead,
Egyptian Book of The Dead를 능가하는 우리 삶과 죽음의 드라마지요.
삼국유사는 우리 민족의 혼을 담은 전설의 국극이요
신라의 처용무는 댄스 드라마 국극이고
향가는 향기 품어 나는 詩劇일세

고려가요야 넌 우리의 오페라 음악국극이요
홍길동, 임꺽정은 우리의 무소유 유토피아를 그린 풍자 절정의 국극이지
윤선도 오우가는 우리 선비의 담대한 음악국극이고
정선, 김홍도의 그림은 한 폭 멋지게 펼쳐진 무대미술.
봉산 탈놀이, 양주별산대 놀이는 우리의 레미제라블 민중의 국극이고
시인 김소월, 김영랑은 우리 국극의 대표적인 뮤지컬
더불어 시인 이상은 못다 한 한의 철학을 담은
이상을 향해 날다가 부러진 날개의 비극.
　　　　오호라, 언제 우리의 國劇은
　　　　작으나마 꽃망울을 피우고
　　　　열매를 맺으련가!
　　　　大韓의 國劇

오, 서사시

일리아드 오딧세이-----------오, 인간
삼국지----------------------오, 인생
단테의 신곡-----------------오, 사랑
성경불경코란경--------------오, 믿음

연극 <MOSES MASK>에서 작·연출·출연

마스크 세상

온통 마스크……
사람과의 거리두기 조차 멋적어 뒤집어 쓴 마스크
길거리 갤러리 극장 버스 지하철 사무실 학교 강의실
문득 내 곁을 스쳐 지나는 여인의 향기
니깝 쓴 아랍의 여인 같은 신비의 향기
다행히 인두겁이 아니라서 연민은 아니어라

무지개 색깔보다 더 많은 형형색색의 마스크 행렬
　　거기엔 사연도 있고
　　거기엔 자화상의 말 못할 그림자

　　　　남모르는 웃음과 탐욕과
　　　　숨겨진 서툰 욕정이
　　　　흐르는 감지의 위험이
　　　　거절의 상징이 열기를 내 뿜는다

최초의 달 착륙에 나선 마스크 쓴 우주인
화학전에 등장한 방염 마스크
소방관의 입을 봉해버린 소방 마스크
드라마 속 간호사의 간호 마스크
방금 어둠 속에서 입맞춤을 끝낸 젊은 남녀의 러브 마스크
코로나로 뒤덮인 마스크 세상
마스크로 인간이, 이웃이, 정감이, 소통이 스러진다.
오로지 남은 건 비정의
'마스크 인 더 마스크!'
'마스크 앤 더 마스크!'
'마스크 오브 더 마스크!'
'마스크 바이 더 마스크!'
'마스크 포 더 마스크!'
'마스크 킬 더 마스크!'

랩퍼의 수다

요! 매일 티브에 비치는 저 위선자의 얼굴위에 버터를 발라주고 싶어
요! 지껄이는 메시지는 언제나 거짓과 부정 무진장 퍼붓는 하찮은 소리
요! 헛지랄 헛맹세에 기만하고 속이는 장사꾼의 속 좁은 외침과 메아리
요! 더 이상 국민이 아닌 군중을 선동하고 모략하고 궁지로 몰아세워
요! 정치 경제 문화 예술 사회 정의도 교육하려 달려드는 선동의 혓바닥
요! 이젠 가치 없어 눈이 먼 패권주의에 연연한 귀족주의자
요! 살쾡이가 살도 파먹고 버린 뼈다귀처럼 휑한 파렴치한의 개똥철학
요! 역사의 뒤안길에 언젠간 들통 날 엉터리 멍청이의 값없는 논리
요! 개인도 이웃도 민족도 파괴시키는 이중 삼중 사중 인격자
요! 그대 과거 현재 미래의 여정에서 비통 통한의 눈물을 흘릴 것을
요! 아는다 모르는다 죽창에 가슴 찔려 서글픈 삶을 마감할 것을
요! 아직도 모르는가 아직도 감추는가 아직도 연명하는가
요! 요! 요! 인생은 덧없는 초로
남는 건 한 줌의 먼지뿐인 걸!
요! 요! 요!

갓뎀, YOU

남을 저주하나?
별안간 앵무새가 입을 연다. "ㅊㅋㅁㄷㅅㅍㅎㅆㅆㅆㅆㄴㄴㄴ놈"
그대는 아는가?
시지프스의 탄식을 "아이갸이갸 아이서이셔 아이차이가 아이나이가"

백년이 조금 안 되는 긴 시간여행
이세 문을 밀고 들어가려마는
손가락 하나 들어가지 못할 작고 좁은 문
긴 탄식 소리에 묻히는 작은 외마디

"갓뎀 갓뎀 갓뎀 갓뎀, YOU"

창작뮤지컬 <고래사냥>에서 거지왕 왕초 역할

별산대 놀이

본산대 옆에 놀이터
오광대 위 놀이터
들놀음 야유가 춤추는 가운데 소리
　　양반인지 좆반인지
　　개다리 소반인지
　　꾸레미전에 백반인지
　　낯판때기 면전인지
　　개소리 멍멍 개소반인지
　　판소리 뚝딱 판전인지
　　엽전 판에 두루룩 엽전인지
　　깍두기에 깍뚝깎뚝 부추전인지
　　볼 것 없는 국전인지
　　이놈저놈 이것저것 낯판때기들이
　　별반없이 다 모이니
　　　　아주 별산대
　　　　국회 별산대로세

조명 빛 속의 그림자

"죽느냐 사느냐 그것이 문제로다."
한 줄기 조명 빛이 배우의 낯짝을 비춘다
그나마 인공의 빛이기에 천만다행

갤러리 한 복판에 온갖 채색으로 얼룩진 초상화
조명 빛에 명멸하여 그나마 다이아몬드 반지가락이 눈에 띈다
현란한 나이트클럽 칠십 네 가지 색색의 조명
둥글고 길쭉하고 네모난 얼굴들이 조화의 장을 연출한다

"꺼져라 덧없는 빛이여! 인생은 그림자에 불과 한 것!"

문 닫을 시간……
조명이 꺼지고 남는 건 그림자의 그림자 뿐
인생은 밝음과 어둠의 작위적 순간이었구나.

춤추는 원숭이 빨간 피터

배우는 원숭이다 원숭이는 배우지
엉덩이를 살짝 덮은 턱시도
나비넥타이에 번쩍이는 귀걸이까지
뻥 뚫린 허공을 응시하며 비운의 배우 운명을 되뇌는지
번뜩이는 고뇌의 차디찬 눈빛으로 객석을 노려본다.

피터의 웅얼거림…….
　　"너희만큼이나 힘든 삶인데……
　　내 힘든 고통이 쾌락의 반려가 되기를
　　저 꼭대기 마지막 끈을 놓고 떨어지는 쾌감을 보고
　　싶은 거지?
　　그래 좋다.
　　오늘이 막공.
　　마지막 끈에 목을 매달고
　　대롱거리다 숨죽이는 장면 연기는
　　사실인가 진실인가?
　　이제 보여줄 시간이다."

피터는 날쌔게 무대를 타고 넘고
발코니 꼭대기에 올라섰다.

<긴 沈默……!>

그리고 그 침묵 뒤에 또 긴 暗默……!

*전혀 감동적이지 않은 박수갈채 위로 떠오르는 노래,
빨간 피터의 What a Wonderful Life*

일인뮤지컬 <돌아온 빨간 피터>

스토리

스르르 잠을 깬
　　토깽이 새끼 한 마리가
　　　　리듬에 맞춰 깡총깡총 춤을 추네
　　(사이)
스으윽 나타나는 밀렵꾼
　　토끼 귀를 날쌔게 낚아채
　　　　리본 끈으로 두 발을 사정없이 칭칭 묶는다
　　(사이)
스스로 방심하다 잡혀온
　　토끼를 앞에 두고
　　　　리얼리즘 연극 한 편을 쓴다는 한심한 작가
　　(사이)

....

스웨덴 국립 극장
　　토끼 이야기를 듣고자 모인
　　　　리더즈 클럽 한림원 회원들
　　(사이)
스토리가 그렇게 끝나고
　　토끼를 연민해 하며
　　　　리더즈 클럽 회원들이 어린애들처럼 좋아하더라.
　　　　　　ㅎㅎㅎㅎㅎㅎ

바람과 함께 사라지다

그 배우 비비안 리, 바람과 함께 사라지다
그 남자 클라크 게이블, 수염과 함께 사라지다
그 감독 빅터 플레밍, 바람과 함께 사라지다
그 명화,
　　　바람과 함께,
　　　　그래도 아직 내 가슴에 남아있네.

일인극 <모노햄릿>

아름다운 여행길

진분홍 꽃들이 가지런히 피어있는 길목
새타니 한 마리 뺏뺏이 고개 들고 오는 길손을 맞는다
몸보다 무거운 등짐 들고 이고 나타나는 여행자
두려운 듯 고개 숙여 휘적휘적 길을 재촉한다
새타니의 외마디 소리가 고막을 찢고
분연히 나타난 흰나비 떼가 길손을 호위한다
여행자,
천만근 무거운 몸 가누고 고개 들어 앞을 본다
뜨거운 철문이 앞을 가로막았다.
문이 '삐걱~덜컹' 열린다
불 가시방망이를 든 사자들
눈에 불을 켜고
길손을 맞이한다
"여행길이 어떠시었소?"

장삼에 가려진 손을 들어 묻는 지하선녀의 인사말
"지난 세월 뒤돌아보지 않고 새 삶은 어떠시오?"

그제야 묻은 세속의 땀을 닦는 길손의 대답
"지옥 여행길이 어찌 이리 꿈만 같으오?"

사자들의 외침
"ㅎㅎㅎ……이제 시작인 걸……!!! 피비린내 나는 아름다운 여행길"

창작뮤지컬
<바람, 타오르는 불길>

가장 긴 역사극과 가장 짧은 2인극

북 : 넌 누구야?
남 : 그런 넌?
북 : 너가 나야?
남 : 응? 나가 너지?
북 : 나?
남 : 너!
북 : 너!
남 : 나?
<서로를 노려보고 응시한 채, 아주 긴 침묵>

연극 <MOSES MASK>에서 아메리칸 인디언 역할

기기묘묘

사람 사는 게 기이하고 묘하구나
우리 안에 갇힌 이리떼 모양
무엇이던 먹고 사는 영노 모양
배신 살인 방화 방조 사기 선동에 불신지옥

사람이 짐승과 다를지언대
사람 사는 게 기괴하고 묘하구나
헐뜯고 해치고 내치고 후려치고 설치고 깝치고 빡치고 불안지옥

사람은 호랑이를 해칠 맘이 없는데
호랑이는 사람을 해칠 마음 뿐
사람 사는 게 기기하고 묘묘하구나
훔치고 뻗치고 죽이고 교살하고 쫓고 쫓기고 숨고 숨기고 난장지옥

사람만 사는 게 우주가 아닐진대
사람 사는 게 기묘하니 교묘하구나
찌르고 후비고 비비고 삼키고 빼앗고 쳐먹고 털어내고 슦아내고 살생지옥

흥건한 피
뱉어내는 한숨소리
들려오는 통곡소리
여기 저기 향두가의 목멘 소리가
천지를 진동한다.
어~와 어~와 어어와 넘어 넘자 너~와……

뱀나무 밑에 선 바나나맨의 노래

주필은 오늘도 며칠 째
화장실에서 벌겋게 흘러내리는 코피를 닦아야 했다.
가방에 짐을 쌌다.
아무도 알리고 싶지 않았다.

빠르게 명멸하듯 스쳐가는 차창을 바라보며
그는 기차역에 내려섰다.
아직 가시지 않은 늦둥이 겨울
찬바람이 오싹 가슴 속을 그러나 시원하게 파고든다.

한적하다 못해 찌그러진 산동네……
산등성이를 오르며 그는 묵상의 나무 둥지를 찾는다.
행여 그런 나문 없겠으나, 그렇다!
보리수나무가 대수냐?
자작나무? 참나무? 소나무? 닥나무?……

그가 찾는 것은 뱀나무다!
몸을 틀고 틀어 비틀어
뱀처럼 뻗고 뻗어 올라간 뱀나무 아래에서
바나나 하나 먹으면서 묵상하는 것으로 헤븐이다.
클랩튼의 'Knockin' on heaven's Door……'

가슴속 깊숙이 내여 앉는 기타 소리
헤븐이고 뱀나무고 바나나라고 생각했다.

세상을 떠나는 게 아니라
세상을 등지는 게 아니라
세상을 버리고 싶은 것이다.
벌써 317번째 산이란 산은 다 찾아 헤맨다.
하지만 주필이 찾는 뱀나무는
어디에?
진정 있는 건가?
아니면 묵상 꼭대기 끝 정수리에……?
어느새 산 정상에 섰다.
또다시 입가로 흘러내리는 짭짤한 비린 내음.
뭉텅이 코피가 빗줄기처럼 시뻘겋게 쏟아져 입가에 고인다.
세상 막혀 있던 악취의 봇물이 터진 것.
그대로 흐르는 피를 닦지 않고 주필은 주저앉았다.
꺼져가는 잿빛 하늘을 둥지 삼아
오늘도 그는 새로운 317번째 해탈의 순간을
만끽하고자 두 손을 합장해 본다.
그리고 내뱉는 만트라의 신음……
　　"산다는 건? 의미? 아니야? 그럼 뭐야?"

콜라, 시간 밖의 여자들

여자1 : 콜라 콜라텍 어때 시간되면?
여자2 : 콜라 보단 사이다. 스타벅스는?
여자3 : 콜라 말고 쏘주 스프라이트 난 더 쎄게.
여자4 : 콜라 나쁘진 않은데 맥주 한잔 어때? 테라스에서 테라맥주.
여자5 : 콜라 난 쐬주가 좋아 아니면 데낄라
여자6 : 콜라 80년 된 보르도 와인은? 감칠맛이 있잖아. 와인 바아.
여자7 : 콜라 펩시도 좋잖아?
여자8 : 콜라 코카콜라 코카콜라 콜. 쏘주 넉 잔에 콜라 반잔 칵테일.
여자9 : 콜라 쏠라는 들어봤어? 쏠쏠한 거?
여자10 : 콜라 Cool. So Cool. So Cold.

못 가진 것들

우째 음악엔 모차르트, 바그너, 신재효가 있는데, 우리 연극엔?
우째 미술엔 피카소, 달리, 정선, 김홍도가 있는데, 우리 연극은?
우째 무용엔 던컨, 니진스키, 발란쉰, 베자르, 김숙자가 있는데, 우리 연극은?
우째 건축엔 바로크, 로코코, 힌두교 사원, 불국사가 있는데, 우리 연극은?
우째 영화엔 베르히만, 펠리니, 구로자와가 있는데, 우리 연극은?
우째 문학엔 단테, 셰익스피어, 괴테, 삼국유사가 있는데, 우리 연극은?
우째 우리 연극엔 별산대놀이가 있는데, 오늘 우리 연극은?
우째 그 옛날에 요,순 시대, 아테네도 있있는데, 우리나라는?

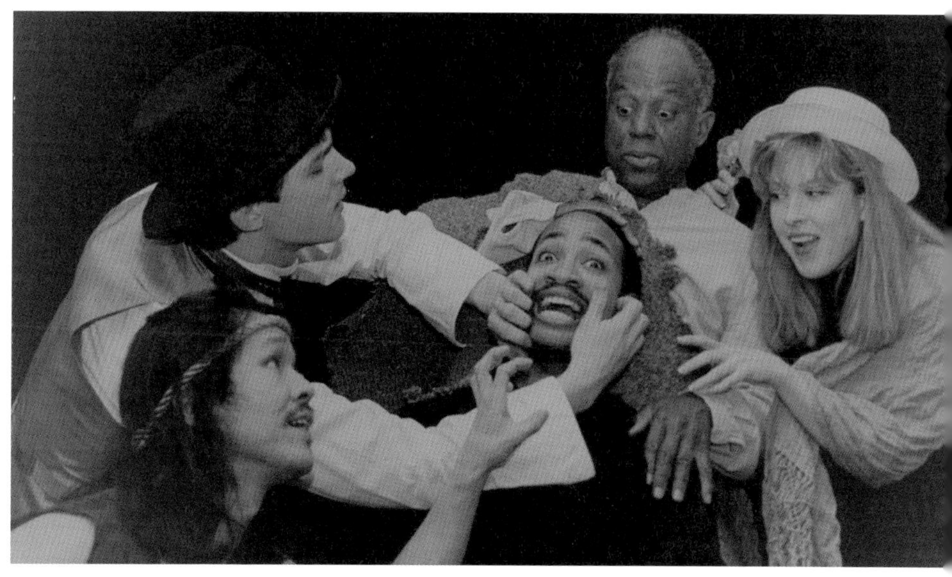

연극 <MOSES MASK>

스마트 이솝 Gossip

이솝 할아버진
어린 달리의
거울에 비추인 흔들리는 그림.

와이즈 정선 Gossip

정선 할아버진
진정 깊이 있는
신비의 비경을 가진 우리 동산 지킴이.

국립극단 연극 <리어왕>에서 리어왕

체홉은 만홉

<갈매기>를 보아라!
상처 입은 갈매기의 신음소리가 만 가지 울음으로
우리를 슬프게 하는 구나.

<세 자매>를 조명이 비춘다.
지, 정, 의는 다르지만 가족 비극이
바이올린, 비올라, 첼로 삼중주의 비창으로 노래한다.

<벚꽃동산>으로 가 보자!
버려둔 만개의 텅 빈 웅덩이처럼 황량한 풍경이
피르스 영감의 찢겨나간 영혼처럼 산화되어 떨어진다.

아! 체홉, 그는 한 홉으로부터 만 홉의 영혼을 가진 極悲劇 시인이다.

여름 & 향기

코끝이 싱그런 늘푸른 여름에 졸고 있는 옆 집 고양이
그 곁에 더불어 코를 골고 있는 우리 소의 멈춰 선 여름 풍경
뒤 뜨락 버들가진 더 느리게 여름을 찬양하고 섰고
멀리 산속에서 들려오는 한낮의 뻐꾸기 울음은
가는 여름을 보듬이자 까마귀가 맞받아친다
나지막 동산마저 여름에 취해 더 낮아 보이고
미 을 어귀 연못 속 청개구리는 금방 깨어난 새댁의 아기처럼
밤낮을 가리지 못해 청승 떨며 울어옌다
한낮 땡볕 아지랑이는 그을음 그림을 몽유도원도처럼 그려내고
어쩌다 창공을 더듬어 가는 여름 바람은
새색시모양 살곰살곰 부끄러워 지나간다
이제 노을 진 저녁별이 오를 때에 맞춰
우리 집 멍멍이는 기지개를 게딱지처럼 펴고
담장에 늘어진 수세미는 더 늘어져 고개를 쳐 박는다
그러고 보니 이번 여름도 어김없이
이렇게 아는 듯 모르는 듯
가는 듯 오는 듯
여름의 향기에 빠져
세월의 그림자 따라
우리 곁을 속절없이 스쳐지나
간다 가안다.

웹툰 이야기

지혜는 올해 34살(어느덧?)이 된다.
그녀는 생애 다섯 번째 만나는(징하다!) 태성이와 결혼을 약속했다.
결혼이라기보다(그냥 살기 위해?)
태성과의 지난 2년 8개월의 만남.(엄청 길고 똑같은 반복?)
이젠 삶의 변화를 원해 결혼을(결혼은 지진?) 선택한 것이다.

조촐한 결혼식.(코로나로 초대 손님 겨우 11명)
그것도 태성이가 불교신자라서 사찰에서……(절이라기보다 암자에서!)

하니문도 그냥 동해안에 자리한 호텔.(바다가 보이지만 냄새나는!)

신혼 첫날 밤.(혹시 마지막 밤?)
유난히 황사가 심한 밤(일 년에 몇 번이나?)
사람도 거의 없는 바닷가에 잠깐 앉았다가(맥주 두병에 오징어포 하나)

호텔로 돌아오던 중(신혼 밤에 대한 흥분과 두려움이 교차하는 밤?)
지혜는 그만 화들짝 놀랐다.(왜?)
호텔 앞 낡은 스쿠터에 앉아있는 스님.(결혼식을 올린 그 절의 스님이)
웬일이냐고 묻는 지혜보다 전혀 놀라지 않는 태성(이미 알고 있었으니까)

깊은 밤(새벽 2시)
신혼 첫날(신혼은 맞아?)
지혜와 남편 태성과 스님이 포차에서 술 파티.(신혼 파티?)
태성이 피곤해 보이는 지혜를 들어가라며 잠시 후 가겠단다.(그럴까?)

지혜가 들어왔고 깜빡 잠이 들었고(신혼 첫날 혼자?)
언제 눈을 떴나?(절로 불안해서? 아니면 신혼을 기대하며?)
남편 태성이는 아직 안 들어왔다.(뭐하는 거지? 새벽 4시 반인데?)
지혜가 핸폰을 했지만 신호음만 길게……(정말 뭐야? 이래도 되는 거야?)

참다 못 한 지혜 호텔을 나간다.(허니문이 아니라 비터문이군!)
호텔 문을 나가자마자 지혜.(짜증도 나고 걱정도 되는 중에……)
그만……(안 돼!)
지혜는 소스라쳐 놀라 몸이 얼어버렸다.(뭐야? 이건 무슨 경우지?)

아직 캄캄한 밤.(로운리 나잇!)
호텔 벽이 뭉개질 듯 부둥켜안고 사랑을 나누는 LOVER.
(스님과 남편 태성이……!)

아, 아……아……!(지혜의 절망의 비명)
태성이 동성애자?(양성애자?)

아침이 밝았다.(과거와 미래가 뒤엉켜 혼잡한 날에)
지혜는 혼자 고속버스에 몸을 실었다.
(호텔엔 태성과 스님의 알콩달콩 신혼이)
그녀의 새 하얀 머릿속엔 태성과의 지난 세월이 주마등처럼 지나간다.
(프레쉬백 영상이 짧게짧게 두 사람의 모습이 편집되어 흐르고……)
점차 지혜의 귓전을 울리는 '지미 핸드릭스'의 노래……

고속버스 터미널.(승객들이 내린다)
승객이 다 내린 줄 알고 운전기사 아저씨 차내를 보니……(어? 뭐야?)
한 여자가 자고 있다.(증말?)
기사 아저씨가 자고 있는 여자 승객을 깨운다.(아니 일으키려고……)
놀라는 기사 아저씨.(왜?)
지혜는 죽어 있었다.(자살? 심근경색? 뭐지?)
앰뷸런스가 왔고 이미 지혜가 아닌 사체가 실린다.(증발된 영혼!)

이것이 연기지

두 시간 동안 힘 주어가며 연기하는 주인공보다-“왜?”(한 마디)

세 시간동안 떠들어 대는 주인공의 대사보다-“그렇지‘(세 마디)

네 시간 반 동안 서 있는 배우보다-“처리했습니다.”(한 마디 하고 퇴장)

주인공보다 확실한 단역-“네이!”(절도 있는 몸가짐과 소리의 울림)

주연들보다 엑스트라-“주연들을 능가하는 Passers-by”(등장에서 퇴장까지)

주연의 많은 연기 분량보다-“조연의 빛나는 품격”

10년 동안 쉬지 않고 쓴 작가의 작품보다-“역시 믿을 만한 명배우의 연기”

5막극 전 장면에 출연하는 주인공보다-“무언과 묵언의 신비와 비밀을 간직한 내공의 배우”

빼어난 성악가보다-“천만금의 값어치를 지닌 배우의 발성”

<이것이 연기지야~!>

연기는-감고+풀고/얼리고+녹이고/때리고+달래고/올리고+내리고/빠르게+느리게/딱딱하게+부드럽게/넣고+빼고/잠그고+열고/버리고+줍고/휘젓고+빼내고/담그고+건지고/직진하고+우회하고/쎄게 하고+작게 하고……

<이것이 연기지야~!>

샤우팅

어느 날부터 소리가 사라졌다.
이웃집 아기의 울음소리도
아기 엄마의 아기 달래는 소리도
삶에 찌들려 지쳐버린
이웃집 아저씨의 고함소리도
논두렁에서 어미 소를 찾던
소 울음도 이젠 들리지 않는다.
까막까치도 뻐꾸기의 동심어린 소리도
딱따구리의 딱따기 딱딱소리도
모두 지난 과거의 망각처럼 묻혀버렸다.
　　왜?
　　어째서?
　　무엇 때문에?
쓰나미처럼……
이런 우둔한 질문은 그저 공허한 싹쓸이 울림일 뿐이다.

코로나 코리나

코로나 코리나 하프 러브 때문에-바이러스의 침투
코로나 코리나 노 슬리핑핑핑-잠 못 이루는 수많은 밤의 혈맹
코로나 코리나 코리나코리나-영화 속 이야기처럼 엄마 잃은 미아 신세
코로나 코리나 마스크의 행렬-날 알려면 마스크를 벗겨
코로나 코리나 노랠 불러도-불러도 들리지 않는 적막의 공포
코로나 코리나 마스크 쓴 채-키스는 느낌이 없네
코로나 코리나 2미터 간격으로-영혼 잃은 사랑의 제스츄어
코로나 코리나 친구도 사랑하는 이도-떨게 만드는 냉혈체
코로나 코리나 Give Your Love-사랑을 주세요 그럼 사라질게요.
코로나 그러나 조심 조바심 또 다른 바이러스가 올 것임이요.

연극 <배터리>

<간단후기>

나의 詩는 유언입니다

나의 연극 작업 틈틈이 모아뒀던 시 모음집 『짱의 노래』를 이 어려운 시절에도 서슴없이 세 번째 시집 『Y의 노래』에 이어 계속 출간해 주신, 출판사 새로운사람들 이재욱 사장님과 모든 분들께 진심으로 감사의 말씀을 드리며, 부족하나마 연극 인생 50년 제단에 온전히 바칩니다.

해피 라이프

뉴욕 시절 프로필 사진

잡지 모델

장두이 연극 인생 50년 상세 연보

학력

신일고등학교 졸업(**1970년**)
고려대학교 국문과 졸업(**1974년**)
서울예술전문대학 연극과 졸업(**1977년**)
서울예술전문대학 무용과 졸업(**1978년**)
동국대학교 대학원 연극영화과 1년 수료(**1977~1978년**)
뉴욕 New School 뮤지컬 학과 수업(**1978~1979년**)
뉴욕 머스 커닝햄 무용학교 수료(**1979~1981년**)
뉴욕 브루클린대학원 연극과 연기전공 석사과정(MFA) 이수(**1979~1983년**)
뉴욕 Actor's Studio/ Lee Strasberg 학교 연기 수업과정(**1982~1983년**)
뉴욕 H.B Acting Studio 연기 수업과정(**1983~1984년**)

연극 <Tibetan Book of the Dead>

주요경력

***1978~1994년** 공연단체 '알 댄스 디어터 사운드' 뉴욕에서 설립. 60여 편의 연극, 무용, 음악 공연작품을 미국, 캐나다, 일본, 유럽 등지에서 공연함.

***1979년** '베를린 영화제'와 '함부르크 국제 연극제' 참가

***1980~1992년** 뉴욕 '코리언 퍼레이드' 예술 감독 역임(뉴욕 한인회, 뉴욕 한국일보 주최/ 주관)

***1983년** 파리 'Peter Brook 극단' 상임 단원

***1983~1987년** 'Grotowski 극단' 수석 단원

***1987~1993년** Koo Dance Company 수석 무용수

***1992~1994년** Lo Lan Dance Company 수석 안무자

***1989~1994년** 뉴욕 한국방송(KBC New York) 라디오-'굿모닝 아침의 산책'/ '뿌리 깊은 남긴 바람에 아니뮐세' 진행, KBC-TV '장두이의 뉴욕 데이트' 프로그램 진행 및 연출

***1978~1994년** 뉴욕 La Mama 극단 수석 연기자

***1992~현재** 뉴욕에서 극단 'KORUS PLAYERS' 창단, 대표 역임

***1994~1995년** KBS '아침을 달린다'에서 '장두이 문화광장' 진행

***2001년** CBS-FM 영화 음악 '수요 초대석' 고정 출연

***2006년** SBS-TV 토요 모닝 와이드 '장두이의 최고의 1박 2일' 진행

***2007~2010년** SBS-TV 토요특집 모닝 와이드 '리얼 드라마 우리 동네 미스터리', <명물 따라 삼천리> 명탐정으로 출연 및 진행. <OLD & NEW> 진행

연극 <청바지를 입은 파우스트>

강의경력

*__1978~1979년__ 뉴욕 TWITAS가 주관하고 UN, 록펠러재단, 괴테하우스가 후원하고 세계 36개국 예술가들이 참가한 <Childyear Culture Corps Project>'에 한국 대표로 참가, UN이 제정한 '어린이의 해'를 맞아 8개월간 청소년들을 위한 교육, 예술 공연, 세미나, 학교 워크숍 등을 가르치고 공연함.

*__1979년__ 독일 최고의 어린이 전문 극단인 'GRIPS' 극단 초청으로 베를린과 함부르크에서 청소년 연극 공연과 워크숍에 참가.

*__1980~1994년__ 뉴욕 La Mama 극단에서 특별 연기 워크숍 주관

*__1983~1986년__ 멕시코, 이태리, 미국 등지에서 그로토우스키 연기 훈련 방법론 워크숍

*__1994~1996년__ 서울에서 청소년들을 위한 '장두이 연극 교실' 워크숍 및 강의

*__1995~1998년__ 경기대학교 건축대학원 '밖에서 보는 건축' 강의

*__1995~1997년__ KBS '슈퍼 탤런트' 연수 연기교육 강의

*__1995~1996년__ 한얼 공연 예술학교에서 연기 메소드 강의

*__1996~1997년__ 중앙대학교 연극과 강의

*__1998~1999년__ 대구예술대학 사진과 강의

*__1999년__ 효성가톨릭대학 성악과 강의

*__1999~2002년__ 가천의과대학에서 국내 최초 '메디컬 드라마' 강의

*__1998~2000년__ 배우 전문 학원 mtm 강의

*__2001년__ 배우협회 주관 '연기자를 위한 즉흥극 훈련' 강의

*__2000~2005년__ 청년 의사 아카데미 '역할극(Role Play)' 강의

*__2006년__ 한국연극배우협회 '배우 심화 교육과 단기 재교육' 강의

*__2007년__ 카이스트대학 '나다 센터' 청소년들을 위한 첨단 뮤지컬 강의 및 공연

*__1996~2003년__ 대경대학 연극영화과 전임 교수

*__2004~2009년__ 인덕대학 방송연예과 교수

*__2009년__ 한서대학교 대학원 연기 전공 교수

*__2010~2014년__ 서울예술대학 연기과 교수

*__2011년~현재__ 각 당 복지재단 주관 노인들을 위한 세계 최초 웰다잉 강의 및 공연(현재까지 국내 각지에서 100회 이상 공연)

*__2014년__ SK 플라톤 아카데미 청소년을 위한 '인문학 강연 공연' (6회 강연 및 공연)

*__2014~2016년__ 한국 국제예술원 연기·영상 예술학부 교수

*__2018~현재__ 장두이 연기 인텐시브 워크숍 주관

*__2016~현재__ 국민대학교 미디어 연기예술학부 교수

창작뮤지컬 <바람, 타오르는 불길>

수상경력

*1972년** TBC 대학 방송 경연대회 최우수 연기상(공해에 얽힌 사연)
*1979년** 미국 OBIE 연극상(연극 Tirai)
*1983년** 미국 OBIE 연극상(연극 The Tibetan Book of the Dead)
*1989년** 미국 아시아 소수민족 예술가상(연극 Song of Shim Chung)
*1995년** 백상 예술대상 연기상(연극 첼로)
*2003년** 뉴욕 드라마 클럽 특별상(연극 Moses Mask)
*2006년** 제4회 '믿음으로 일하는 자유인 상'(연극 35년 인생)
제24회 '한국 희곡문학 대상'(장두이 두 번째 희곡집)
*2015년** 2015 재능기부 대상
*2017년** 제5회 대한민국 신창조인 대상(창조예술 부문)
*2018년** 대한민국 솜씨 대중 스타상(연기 부문)

연극 <천상시인의 노래>에서 가수역할

저서

***1983~1984년** 문화평론 '민속도'(잡지 <한국인> 게재, 뉴욕)
***1985~1986년** 에세이 아메리카 일루젼(잡지 <주니어>)
문화평론 '해와 노피곰 도드샤'(뉴욕 동아일보)
***1992년** 시집 '삶의 노래'(명상출판사)
소설 '아메리카 꿈나무'(명상출판사)
***1995~1996년** 에세이 '장두이 문화마당'(월간 에세이)
***1996년** 시집 '0의 노래'(명경출판사)
자전 에세이 '공연되지 않을 내 인생'(명경출판사)
***1998년** 장두이 희곡집(창작마을)
***2000년** 장두이 연기실습론(명상출판사)
***2002년** 장두이 장면 연기 실습(명상출판사)
***2005년** 에세이집 '인생이 연극이야'(사람이있는풍경)
장두이 두 번째 희곡집(창작마을)
***2006년** 장두이의 한국연기실습론(새로운사람들)
시집 'Y의 노래'(새로운사람들)
***2009년** 장두이 뉴 희곡집(연극과인간)
***2011년** 그로토프스키 & 두이 장(연극과인간)
***2012년** 장두이의 연극상식(새로운사람들)
***2014년** 입시 연기론(창작마을)
***2015년** 올 어바웃 뮤지컬(엠에스북스)
***2016년** 연기의 정석(시그마프러스)
***2017년** 즉흥 연기의 정석(엠에스북스)

연극 <아소 님하>

주요연극출연작품

*1970년 대머리 여가수(고대 강당, 소방서장 역)
*1971년 위대한 훈장(명동예술극장, 열쇠장수 역)
*1976년 1인극 '크라프 마지막 테잎'(극단 세대, 크라프 역)
*1977년 아득하면 되리라(극단 가교/ 제1회 대한민국 연극제, 거북이 역)
*1978년 Liturgy(뉴욕 UN 오라토리움 극장, 제사장 역)
*1979년 춘향 그리고 태을성(뉴욕 오픈스페이스극장/ 독일 TIK극장, 태을성 역)
*1981년 GODOT plus GUT(뉴욕 Theater for the New City 극장, 블라디미르 역)
*1982년 Camino Real(뉴욕 거쉬인 극장, 벙어리 곱추 역)
파리의 '피터 브룩' 극단 참가(마하바라타)
*1983년 The Tibetan Book of The Dead(뉴욕 라마마 극장, 죽은 자 역)
*1986년 그로토우스키 극단 '디디무스', '미스터리 플레이' 공연
*1986~1987년 뮤지컬 'Agamemnon'(이태리 스폴레토 페스티벌 참가 작품/ 뉴욕 라마마 아넥스 극장/ 이태리 투어, 아가멤논 장군 역)
*1986년 뮤지컬 'Medea'(스폴레토 야외극장, 동방인 역)
*1987년 뮤지컬 'Oh, Jerusalem'(링컨센터/ 이스라엘 예루살렘 극장, 여행자 역)
*1989년 1인극 '태평양 로맨스야'(LA 스페이스 311/ 동숭아트센터, 서봉달 역)
The Fallen Angel(뉴욕 46 플레이 하우스, 떨어진 천사 역)

뮤지컬 'Moses and Wandering Dervish'(코네티컷 주 오스틴 극장, 더뷔쉬 역)
뮤지컬 'Yanus'(뉴욕 라마마 아넥스, 러버 역)

*1990년 138개의 풍경이 있는 대화(뉴욕 Cash Performance Space 극장, 가수 역)

*1992년 Strangers(뉴욕 샬리코 극단/ 워싱턴 스퀘어 극장, 이방인 역)

*1994~1995년 첼로(극단 전망/ 문예회관극장, 인테리어 디자이너 역)

*1994년 뮤지컬 '바람 타오르는 불길'(극단 자유/ 예술의전당 토월극장, 남자 역)

*1995년 청바지를 입은 파우스트(실험극장, 메피스토펠레스 역)
MBC 마당놀이 옹고집전(정동극장 및 전국 13개 도시, 돌쇠 역)

*1996년 뮤지컬 '고래사냥'(환 퍼포먼스/ 예술의 전당 오페라 하우스, 왕초 역)
세종 32년(국립국악원 예악당 개관기념 공연, 세조 역)
달빛 멜로디(은행나무 극장, 사나이 역)

*1997년 맨하탄 일번지(극단 전망/ 성좌 소극장, 상준 역)
밧데리(극단 르네상스, 스탠 역)

*1998년 천상 시인의 노래(극단 즐거운사람들/ 문예예술대극장, 저승사자 역)

*2000년 바다의 여인(서울 국제연극제 개막 작품/ 문예예술대극장, 뱃사람 역)

*2001년 바리공주(극단 현빈/ 세종문화회관/ 서울 공연예술제 참가작, 사자대왕 역)

*2002년 유리동물원(우리극장/ 알과 핵 극장, 톰 역)
게임의 종말(극단 미학/ 국립극장 별오름 극장, 햄 역

*2003년 1인 뮤지컬 '춤추는 원숭이 빨간 피터'(극단 향/ 알과 핵 극장, 피터 역)

*2004년 파우스트(극단 미학/ 문예회관예술대극장, 메피스토펠레스 역)
햄릿(연극 열전 참가작/ 동숭아트센터 대극장, 클로디어스 왕 역)
공주 아시아1인극연극제 1인 뮤지컬 '춤추는 원숭이 빨간 피터' (공주 민속극박물관, 피터 역)
길(백성희 선생 연기 60주년 기념 연극/ 문예회관예술대극장, 아들 역)
배비짱(김상열 연극 사랑회/ 인켈 아트홀, 배비장 역)

*2005년 국악 뮤지컬 '한강수야'(세종문화회관, 광대 역)
뮤지컬 '당나귀 그림자 재판'(국립극장 해오름 극장, 선장 역)
1인 뮤지컬 '돌아온 원숭이 빨간 피터'(인켈 아트홀 극장, 피터 역)

*2006년 제1회 뉴욕 한국 연극제 참가(1인 뮤지컬 '춤추는 원숭이 빨간 피터 : 뉴욕 Theater for the New City 2월 6일~12일, 피터 역)
뮤지컬 '당나귀 그림자 재판'(아르코 대극장/ 연극인 복지재단 기금마련 공연, 성장 역)
국악 뮤지컬 '영평 팔경가'(포천 반월 아트홀 대극장, 여행자 아버지 역)
장두이의 황금 연못(대학로극장, 장만중 역)

*2007년 Korean Shaman Chants(뉴욕 카네기홀, 혼 역)
국악 뮤지컬 '흐르는 강물처럼'(안산 문화예술회관 대극장/ 의정부 문화예술회관 대극장, 광대 역)
물속의 집(블랙박스 디어터/ 극단 뿌리 30주년 기념, 아들 역)

*2008년 아버지가 사라졌다(극단 여인극장 123회 공연/ 알과 핵 극장, 아버지 역)

*2009년 등대(대학로 예술극장 대극장, 박일우 역)
사랑을 주세요 <원제 : Lost in Yonkers>(블랙박스 극장, 루이 역)
*2010년 뮤지컬 '영웅을 생각하며'(교육문화회관 대극장, 호암의 혼 역)
*2011년 한강의 기적(알과 핵 극장, 박정희 역)
*2012년 아메리칸 환갑(게릴라 극장, 전민석 역)
오, 독도!(뉴욕 SECRET THEATRE, 이방인 역)
쥐덫(SH 아트홀, 트로트 형사 역)
뮤지컬 '스쿠루지와 성냥팔이 소녀의 화이트 크리스마스'(경기도 문화의 전당 대극장, 스크루지 역)
*2013년 음악극 '나비야 저 청산에'(남산 드라마센터, 연산 역)
거위의 꿈(산울림 소극장, 꿈1 역)
*2014년 소풍가는 날(김천국제가족연극제 참가, 품바 역)
DJ 쨩(제3회 남이섬 국제 원맨쇼, 디제이 쨩 역)
*2015년 40캐럿 -연상의 여인-(예그린 극장, 에디 역)
오늘 또 오늘(예술의전당 자유소극장, 성민 역)
리어왕(명동예술극장, 리어왕 역)
벚꽃동산(세종 M디어터, 가예프 역)
조씨고아 복수의 씨앗(명동예술극장/북경 중국 국립극장, 도안고 역)
*2016년 혈맥(명동예술극장/ 중국 북경 국가화극원, 깡통 역)
Same Story, Different Day(뉴욕 Secret Theatre, 리성민 역)
*2017년 청이는 왜 인당수에 몸을 던졌나?(곡성/ 철원/ 고성, 해설자 역)
*2018년 에쿠우스(대학로 TOM극장/ 충무아트홀,

다이사트 정신과 의사 역)
엄마의 편지(동자 아트홀, 수간호사 역)
동네3 <운명의 요구>(대학로 꿈 디어터, 스티브/ 해설자 역)

***2019년** 에쿠우스(대학로 콘 디어터 대극장, 다이사트 정신과 의사 역)

***2020년** 달아달아 밝은 달아(아르코 대극장, 심봉사 역)
조씨고아 복수의 씨앗(명동예술극장, 도안고 역)
The Immortal Painter, Joong Sup Lee(뉴욕 Kerhonkson Ellenville Room Theater, 이중섭 역)

***2021년** 장두이 연극 인생 50주년 기념공연 '마지막 탱고'(대학로 드림 씨어터, 나 역)

외 370여 편 출연

일인극 <놀부자 타령>

영화출연작품

*1976년** 어디서 무엇이 되어 다시 만나리(홍파 감독-대영영화사 제작, 청년-조연 역)

***1977년** 불(홍파 감독-합동영화사 제작, 사내-조연 역)

***1982년** Water's Life(유진 올샨스키 감독-미국 C-Mas 인디펜던트필름, 샤만-주인공 역)

***1985년** 깜보(이황림 감독-합동영화사, 깜보-주인공 역)

***1995년** 마스카라 이훈 감독-훈 프러덕션, 조사장-주연 역)

***1997년** 인연(이황림 감독-율가 필름, 흥신소 직원-조조연 역)

***1998년** 러브러브(이서군 감독-박철수 필름, 대장-조연 역)

***2000년** 천사몽(박희준 감독-쥬니 파워, 대신-조연 역)
교도소 월드컵(방성웅 감독-신씨네, 개심통-주연 역)

***2001년** 성냥팔이 소녀의 재림(장선우 감독-기획시대, 방위대장-조연 역)

***2002년** 뚫어야 산다(고은기 감독-태창영화사, 두목-조조연 역)

***2003년** 써클(박승배 감독-메가 필름, 조법사-조조연 역)

***2006년** 천국의 셋방(김재수 감독-씨네 힐, 고물장수-조연 역)

***2011년** 사랑해 혜원아(김지현 감독-대진필름, 형석-조연 역)

***2013년** 청야(김재수 감독-꿈꿀 권리, 종규 아재-조연 역)

***2014년** 섬머린(원일구 감독-트라이아스, 한조국 국회의원-주인공 역)

***2015년** 위선자들(김진홍 감독-메이 플러스, 변호사 박창호-주연 역)

***2017년** 왕을 참하다(김재수 감독-조은영화사, 뱃사공-조연 역)

***2021년** 갓뎀유(박경순 감독-피지엔터테인먼트, 최천국 회장-주인공 역)

연극 <첼로>에서 윤소정 선배와 함께

TV·광고

*1991년 Law & Order(미국 ABC-TV, 범인)
*1992년 Americas's Most Wanted(미국 FOX-TV, 베트남 갱)
*1993년 The Guiding Light(미국 NBC-TV, 바텐더)
CF Tamar Date(미국 ABC-TV, 마트 점원)
*1994년 영화 만들기(MBC-TV 8.15 특집 드라마, 매니저)
KBS-TV 생방송 좋은 아침 '전국일주 편' 출연
KBS-TV 아침을 달린다 '문화 광장' 진행(6개월간)
*1996~2002년 도전 지구 탐험대(KBS-TV/ 아프리카 수단, 예멘, 미국, 덴마크, 페루, 인도 등)
*1996년 아무개 씨의 문화발견(A&C-TV 코오롱)
*1997년 달타령 웃음타령(KBS-TV 추석 특집 코미디 드라마, 나)
문학기행(EBS-TV 윤정모의 나비의 꿈 편)
고향기행(KBS-TV)
*1999년 네 꿈을 펼쳐라(KBS-TV)
*2003년 스승과 제자(KBS-TV)
*2004년 그리스 특집 '신화를 찾아서'(KBS-TV)
그곳에 가고 싶다 '고군산 군도'(KBS-TV)
*2005년 문화동행(KBS-TV)
*2006년 낭독의 발견(KBS-TV)
*2006년~현재 SBS-TV 토요특집 모닝 와이드
*'장두이의 최고의 1박 2일' 진행
*리얼 드라마 '우리 동네 미스터리' <명탐정> 출연과 진행

*'소문과 진실' 진행
*'명물 따라 삼천리' 진행
*'Old & New' 진행
*'나는 전설이다' 진행

***2008년** SBS-TV 심리극장 '천인야화' 악마 편, 의사 역

***2009년** SBS-TV 대하드라마 '자명고'(36부작) 출연, 도찰 장군 역

***2010년** 케이블 콘 TV 시트콤 드라마 '용녀는 작업 중' 연출 및 출연, 장훈 역
MBC-TV '인생풍경 휴' 출연

***2014년** KBS-TV 아침마당(7회) 출연

***2015년** KBS-TV 일일드라마 '당신만이 내 사랑' 출연, 사채 사장 역

***2016~2017년** LG 스타일러 CF, 올드맨 역

***2019년** SBS-TV 일일드라마 '수상한 장모', 강치수 경찰청 차장 역

***2020년** 우리상포 협동조합 광고 영상, 해설자 역

무용출연작품

*1979~1995년 뉴욕 'Al Dance Theatre Sounds 컴파니' 연출, 안무, 출연(뉴욕, 베를린, 도쿄, 토론토 등지 공연)
*1987~1993년 뉴욕 'Koo Dance Company' 수석 무용수
*1992~1994년 뉴욕 'LoLan Dance Company' 안무 및 출연

무용단 LoLan 댄스 컴퍼니의 무용 공연

영상 각본·감독 작품

*__1987년__ 뉴욕 단편영화 '136개의 풍경이 있는 대화(40분)' 각본/ 감독
*__1992~1994년__ 뉴욕 채널64 TV 'New York Date(24부작)' 각본/ 감독
*__1992년__ 소설 '아메리카 꿈나무' KBS-TV 3부작 드라마 원작/ 각본
*__1996년__ 경기대학교 건축대학원 홍보영상(20분) 각본/ 감독
*__1998년__ 대경대학교 홍보영상(20분) 각본/ 감독
*__2011~2017년__ SBS-TV 토요특집 모닝와이드 장두이 출연 편 공동감독
*__2019년__ BDS 중소상공인을 위한 다큐멘터리(25분) 각본/ 감독
*__2020년__ 우리상포협동조합 장례용품 광고(30초), 홍보영상(2분 40초) 각본/ 감독

일인극 <태평양 로맨스야>

연극·뮤지컬·무용 각본 및 연출 작품

*1973년 미친 벌레의 소리
*1974년 판토마임 극 '다시 0에서 0'
*1975년 마지막 테잎
이상 + 현상
*1976년 인터뷰
*1977년 감마선은 달무늬 얼룩진 금잔화에 어떤 영향을 미쳤는가
*1978년 Life & Death(뉴욕 소호 비주얼 아트센터)
*1978년 태을성 그리고 춘향 (미국/ 독일)
*1980년 달하 노피곰(뉴욕 라마마 극장)
*1982년 Red Snow(뉴욕 라마마 극장)
*1983년 무용 White Garden(뉴욕 워싱턴 스퀘어 극장)
*1984~1985년 태평양 로맨스야(뉴욕/ LA/ 서울 동숭아트센터 극장)
*1987년 The Song of Shim Chung(뉴욕 46 플레이 하우스 극장)
*1989년 서울 월광곡(동숭아트센터 극장)
*1992년 뮤지컬 '아리랑 소묘'(뉴욕 메리마운트 극장)
*1994년 11월의 왈츠(실험극장)
아시나마리(은행나무 극장 개관 기념 공연)
*1995년 시간 밖의 여자들(까망 소극장)
뮤지컬 '한여름 밤의 피크닉'(한얼 극장)
*1996년 뮤지컬 '비탈에 선 아이들'(경산 시민회관)
*1997년 뮤지컬 '물고기가 나는 재즈 카페'(성좌 소극장)
*1998년 한 마리 새가 되어(대구 대백예술극장)

국악 뮤지컬 '아이갸이갸 심청'(씨어터 제로)

***1999년** K씨 이야기/ 발칙한 녀석들(명동 창고극장)

대구시립무용단 '라이프 스토리/꿈 그리기'

(대구 문화예술회관 대극장)

***2000년** 전미례 재즈 무용단 무용극 '누에보 카르멘'

(예술의전당 토월극장)

***2001년** 뱀나무 밑에 선 바나나맨의 노래(명동 창고극장)

***2002년** 뮤지컬 '장미 향수 & 키스'(서울교육문화회관 대극장/

대구시민회관 대극장)

뮤지컬 '잃어버린 얼굴을 찾아서'(안동 국제기면페스티벌

특별공연작)

***2003년** 19&80 (정미소 극장)

무지개가 뜨면 자살을 꿈꾸는 여자들(알과 핵 극장)

1인 뮤지컬 '춤추는 원숭이 빨간 피터'(알과 핵 극장)

***2005년** 구본숙 현대무용단 무용극 '밀알'(대구 시립문화회관 대극장)

국악 뮤지컬 '한강수야'(세종문화회관)

뮤지컬 '당나귀 그림자 재판'(국립극장 해오름)

1인 뮤지컬 '돌아온 원숭이 빨간 피터'(인켈 아트홀 극장)

***2006년** 제1회 뉴욕 한국 연극제 개막작 '춤추는 원숭이 빨간 피터'

(New York, Theater for the New City 극장에서 공연)

뮤지컬 '당나귀 그림자 재판'(아르코 대극장/ 연극인 복지재단

기금마련 공연)

댄스컬 '춤추는 파도'(포스트 극장)

신일 예술제 '반갑다 친구야'(코엑스몰 오디토리움 극장)

구본숙 현대무용단 무용극 '밀알' 2006년 공연

(대구문화예술회관 대극장)
국악 뮤지컬 '영평 팔경가'(포천 반월 아트홀)
장두이의 황금 연못(대학로 극장)

*2007년 Korean Shaman Chants(뉴욕 카네기 잔켈 홀)
대전 카이스트 대학 '나다 센터'의 '아이 러브 뮤지컬'
(카이스트 대극장)
뮤지컬'당나귀 그림자 재판' 전북 부안 공연(부안문화예술회관)
댄스컬 '통일 익스프레스 러빙 유'(포스트 극장)

*2008년 뮤지컬 '19 & 80'(극단 신시 제작/ 예술의전당 자유소극장)
제20회 거창 국제연극제 국내 초청작 참가
(통일 익스프레스 러빙 유)
댄스컬 '성공을 넘어'-아산의 꿈-(이화여고 백주년기념관)

*2009년 국악 뮤지컬 '흥부야 청산가자!'(충북 진천군 한천초등학교 강당)
립스틱 아빠/ 춤추는 할머니(웰다잉 극단 창단 공연: 정동 프란체스카 강당 및 대구, 인제, 원주 등 공연)
제9회 포항 바다 국제연극제 참가 1인 뮤지컬 '춤추는 원숭이 빨간 피터'(포항문화예술회관)

*2010년 뮤지컬 '영웅을 생각하며'(호암 탄생 백주년 기념 공연: 교육문화회관 대극장)
행복한 죽음(웰다잉 극단 2회 공연: 교보빌딩 대강당 외)
국악 뮤지컬 '다문화 버무리기 쇼'(세종문화회관 대극장)

*2011년 소풍가는 날(SH 아트홀)

*2012년 뮤지컬 '스크루지와 성냥팔이 소녀의 화이트 크리스마스'
(경기 문화의 전당 대극장)
만드라골라(SK 수펙스 홀)

*2013년 음악극 '나비야 저 청산에'(남산 드라마센터)
말뚝이의 노랫짓(남이섬 제2회 국제 원맨쇼 개막작)
뮤지컬 콘서트 '거위의 꿈'(산울림 소극장)
*2014년 소풍가는 날(김천 국제가족연극제 참가)
D. J 짱(남이섬 제3회 국제 원맨쇼)
*2014년 교육연극 '톡톡톡 <청소년 사이버 범죄 예방극>/
씨가 <청소년 금연 예방극>/
그때 그 시절 <청소년 마약 금지 예방극>'
(전국 초·중·고등학교 200여 군데 공연)
*2015년 압구성에 가변 하늘이 보인다(압구성 예홀)
맹진사댁 경사<성우협회 주관 낭독공연>
(서대문 문화예술회관 대극장)
압구정 18층(압구정 예홀)
초코와 파이(압구정 예홀)
*2016년 비밀에 갇힌 방(대학로 예술극장)
재채기 사건<성우협회 낭독 공연>(청주 MBC홀)
제4회 뉴욕 한국 연극 페스티벌 'Same Story, Different Day'
(뉴욕 The Secret Theatre)
뮤지컬 여우사냥(광화문 아트홀/세종국악당)
*2017년 담배의 해독에 대하여(대학로 아름다운 극장)
1인극 무지개가 뜨면 자살을 꿈꾸는 여자(아름다운 극장)
*2018년 웰다잉 아름다운 여행길(대학로 SH 아트홀/
남해국제탈공연예술촌)
*2019년 황금연못에 살다(대학로 예술극장 대극장)
*2020년 The Immortal Korean Painter, Joong Sup Lee

(불후의 한국화가, 이중섭/ 뉴욕 The Secret Theatre)

*2021년 미스터리 댄싱츄츄(대학로 드림 씨어터)

마지막 독백(드림씨어터)

영화 <잃어버린 시간을 찾아서>

뉴욕에서 공연한 연극
<Tibetan Book of the Dead>에서 주인공